내 인생 내 뜻대로 사는 용기

누구 앞에서나 나를 당당하게 만드는 인간관계 심리학!!

내 인생 내 뜻대로 사는 용기
누구 앞에서나 나를 당당하게 만드는 인간관계 심리학!!

1판 1쇄 발행 | 2015년 12월 15일
1판 6쇄 발행 | 2021년 02월 10일

지은이 | 로버트 앨버티(Robert Alberti)
옮긴이 | 김은주
펴낸이 | 이현순

펴낸곳 | 백만문화사
주소 | 서울시 마포구 독막로 28길 34(신수동)
대표전화 | (02)325-5176 **팩시밀리** | (02)323-7633
등록번호 | 제2013-000126호
홈페이지 | http://www.bm-books.com

ISBN 978-89-97260-73-7(13180)
값 14,000원

*잘못된 책은 구입처에서 교환해 드립니다.

내 인생 내 뜻대로 사는 용기

누구 앞에서나 나를 당당하게 만드는 인간관계 심리학!!

로버트 앨버티(Robert Alberti) 지음 | 김은주 옮김

백만문화사

"내 인생 내 뜻대로 살아도 될까?"
주저하는 당신에게

당신은 지금 이 순간, 거실 소파에 앉아 있거나 책상 앞에 앉아 있을지도 모른다. 또는 버스를 타고 여행을 하고 있을지도 모르며 병원 대기실에서 진료를 기다리고 있을지도 모른다. 그런 당신에게 묻고 싶은 것이 있다. 지금까지 당신은 당신 뜻대로 살았는가? 혹시 주위 사람들의 비난이나 비판 때문에 하고 싶은 것을 하지 못하고 산 것은 아닌가? 그리고 지금도 하고 싶은 것이 있는데 하지 못하고 있는 것이 있는가?

결국 여러분에게 묻는 것은 "지금까지 당신의 인생을 당신 뜻대로 살았는가? 아니면 살지 못했는가?" 하는 질문이다.

필자는 이제 당신에게 중요한 메시지 하나를 전하겠다. 즉 이제부터 당신은 하고 싶은 일을 하고 살 수 있다는 점이다. 다시 말해서 당신 인생을 당신 뜻대로 살 수 있다는 것이다.

당신은 이 말을 듣고 이렇게 반문할 것이다. "어떻게 내가 하고 싶은 일들을 모두 하고 살 수 있어, 말도 안 돼.", "주위에 부모도 있고 가족도 있으며 그들의 생각도 생각해야지."

이렇게 지금까지 당신이 하고 싶은 일을 하지 못하고 당신 뜻대로 살지 못한 이유를 들어보면 수없이 많지만 그 이유를 한 마디로 요약하면 '상황이 허락하지 않아서'이다. 하지만 상황이 허락하지 않아서가 아니라 상황을 생각하기 때문이다.

그런 '상황'이라는 것들이 마치 자갈이 쌓이듯 우리 인생 위에 차곡차곡 쌓여 가고 있는 것을 알고 있는가? 그리고 우리는 그 자갈더미에 깔려서 제대로 숨도 쉬지 못하는 듯한 기분을 느끼면서 살아가고 있다는 것을 알고 있는가?

길지도 않은 인생을 내 마음대로, 내 뜻대로 살지 못하고 마친다는 것은 얼마나 서글픈 일인가? 늦지 않았다. 이제부터 우리의 인생을, 단 한번뿐인 인생을 우리 뜻대로 살아야 한다.

필자는 이 책을 통해서 어떻게 하면 당신이 자기 인생의 주도권을 스스로 쥘 수 있을지, 어떻게 하면 자발적이고 적극적인 행위를 통해 한 번뿐인 인생을 자기 뜻대로 살 수 있을지, 어떻게 하면 당신을 위한 삶을 살 수 있을지 보여주고자 한다.

중요한 것은 인생을 살아가면서 우리가 지녀야 할 자립적인 태도이자, 자신이 운영하는 인생 열차를 타고 자신이 원하는 역에 도착하겠다는 '확신'이다. 따라서 이 책의 목적은 당신을 인생이란 무대의 주인공으로 캐스팅하는 것이다.

| 역자의 말 |

자신을 자기 인생의 주역이 되게 해주는 지혜의 가르침

　우리는 살아가면서 대부분 자기 뜻보다는 주위 사람들의 뜻에 따라 움직이는 경우가 많다. 어려서는 부모님이나 선생님, 좀더 성장해서는 주위 사람들의 생각을 많이 고려한다.

　또한 우리는 자신이 하고 싶은 일을 하려고 할 때, 그 일을 함으로써 발생할지도 모르는 비용을 따진다. "의미 없이 다니고 있는 직장을 그만두고 평소 꿈꾸던 일을 하고 싶은데 그러면 얼마나 손해를 볼까? 생활하기가 어렵겠지.", "친한 사람의 부탁을 도저히 들어줄 수 없어서 거절한다면? 나에게 실망하겠지." 등등.

　이런 비용은 "그동안 누렸던 생활수준을 희생해야 해."라는 물질적인 비용일 수도 있고, "부모나 주위 사람들을 슬프게 할 거야."라는 정신적인 비용도 있다. 이렇게 비교해 가며 결국 하나의 결론에 이른다. 그리고 그 결론은 구체적 행동으로 이어진다. 우리가 매순간 행동하는 행동이란 바로 이런 비교의 결과인 것이다. 그리하여 자신의 인생을 자신의 뜻대로 살지 못했던 것이다.

　여기서 문제는 그렇게 행동으로 이어지는 데까지 우리가 자신이 맡은 능동적인 역할을 제대로 의식하지 못하는 데에 있다. 그런 탓에 자신을 자기 인생의 주역으로 생각하지 못하고 환경이나 상황의 희생자라고 여기고 살았던 것이다.

로버트 앨버티 박사는 본서를 통해서 이런 우리의 약점 즉 자신을 자기 인생의 주역으로 생각하지 못하고, 주위 사람들의 비평이나 비판에 구애받으며 당당하게 살지 못하는 우리의 약점을 극복하고 자신의 뜻대로 살아갈 수 있는 방법을 제시해 준다.

자신의 인생을 자신의 뜻대로 살지 못하고, 스스로에 대한 연민이나 불만에 사로잡혀 자신의 인생 열차는 늘 엉뚱한 곳에 서 있으며, 즐거운 파티는 늘 다른 어딘가에서 열리며, 떠들썩한 곳은 늘 저기 멀리 보이는 곳이라고 생각하고 있는 사람들에게 어떻게 살아야 할지에 대해서 길을 제시해 준다.

당신 자신이 아닌, 당신 삶에서 특정한 역할을 하는 다른 어떤 이가 자기 인생을 좌지우지 한다고 느끼는 사람들에게 이 책은 자신의 인생을 바로 찾는 작은 계기가 될 것으로 믿는다.

머리말   4
역자의 말   6

Part 1 내 뜻대로 살아가는 용기와 지혜

다른 사람이 "No!"라고 말하는 것을 두려워하지 말라   14
자신에게 맞지 않는 가면을 벗어라   20
자신의 인생을 스스로 컨트롤하라   25
자기 뜻대로 사는 것이 타당한 이유   30
자신답게 사는 것이 곧 내 뜻대로 사는 것이다   35

Part 2 "NO!"라고 말할 수 있는 용기

"No!"라고 말할 수 있는 사람   42
"No!"라고 말하지 못하는 약점, "No!"를 듣지 않는 결점   48
"No!"라고 말한 후의 파문을 두려워하지 말라   53
가치관이 서 있을 때 "No!"라고 말할 용기가 난다   59
"No!"라고 말함으로써 의욕이 생긴다   63
상사에게 "No!"라고 말할 수 있는 용기   69
상대방과 의견이 일치되는 부분부터 말하라   75

Part 3 내 뜻대로 사는 사람들의 심리적 특징

부탁을 예의바르게 거절한다　84

남의 눈치 따위는 보지 않는다　89

자신감이 넘쳐 쉽게 위축되지 않는다　94

욕망을 잘 절제한다　101

열등감으로 고민하지 않는다　106

사소한 일에는 대범하다　110

Part 4 내 뜻대로 사는 사람들의 인간관계 심리술

공연히 오해하지 않는다　116

미움받으면 어때?　119

속으로 정리한 후 말한다　123

배려하는 마음은 굳이 전하지 않는다　127

무의미한 만남의 '습관병'에서 벗어나다　131

상대의 오해에 불안해하지 않는다　135

상식에 얽매이지 않는다　138

상대방의 페이스에 어느 정도 맞추도록 노력한다　142

Part 5 심리적으로 특이한 유형의 사람들을 다루는 기술

허세를 부리는 사람   148

남에게 기대려고 하는 타입의 사람   151

푸념을 늘어놓는 타입의 사람   154

헛소문을 내는 사람   158

트집만 잡는 사람   161

좋은 평판에만 집착하는 사람   164

돌부처 같은 사람   167

다른 사람의 실수를 그냥 못 봐 넘기는 타입   170

말버릇이 이상한 사람   174

Part 6 생활에서 활용하는 12가지 심리법칙

인간사회에서 중요한 가치, 일관성의 법칙   188

미소가 가장 좋은 무기인 매력의 법칙   192

반드시 보답해야 하는 보상의 법칙   195

장점을 나중에 보여주는 대조의 법칙   198

다수를 따라가는 군중의 법칙   201

권위 앞에 약해지는 권위의 법칙   205

부족한 것이 귀하게 보이는 결핍의 법칙   208

| 차례 |

긴장감을 누그러뜨리는 완화의 법칙   211
반대로 행동하는 반사의 법칙   215
설득의 요건을 갖추는 조건의 법칙   218
흥미를 유발하는 반복의 법칙   222
본보기를 보여 주는 암묵적 강화 법칙   225

Part 7 주위에 휘둘리지 않고 내 뜻대로 사는 기술

흥분하거나 분노한 사람을 다루는 기술   230
적대관계에 있는 사람과 화해하는 기술   234
의견의 차이가 크거나 감정적인 사람을 설득하는 방법   238
나를 싫어하는 상대방을 설득하기   242
반대 의견과 타협점을 찾는 방법   247
완고한 사람을 확실하게 설득하는 비법   252
나를 상대해 주지 않는 사람을 협상 테이블로 이끌어내는 기술   256
전제 정보로 상대방의 태도를 바꾸는 기술   260
실수를 통해 상황을 유리하게 만드는 기술   264
중단 효과를 잘 이용하자   269
상대의 일방적인 주장을 중단시키는 기술   273
부메랑 효과를 잘 활용한다   277

Part 1
내 뜻대로 살아가는 용기와 지혜

" 자신답게 사는 것이 내 뜻대로 사는 것이다. "

다른 사람이 "No!"라고 말하는 것을 두려워하지 말라

젊은 영업사원인 라이언 홀리데이 씨는 상담을 하러 와서 이렇게 말했다.

"사람을 처음 대할 때 상당한 어려움을 겪습니다. 업무상 만나는 사람과 좀처럼 가까워지지가 않아요. 말을 꺼내서 대화하기가 쉽지 않아요. 식사 자리에서도 괜히 주눅이 들어요. 이런 성격이 영업에 맞는지 걱정이 됩니다. 부서를 바꿔달라고 말하고 싶지만 이것 역시 거절당할 것 같아서 말을 못하고 있습니다."

이야기를 듣고 있는 동안 라이언 홀리데이 씨의 심리에 대해서 몇 가지를 정리할 수 있었다.

> 첫째, 진정한 자신의 모습을 보여주는 것에 대해서 불안을 느끼고 있다.
> 둘째, 그 진정한 자신이 다른 사람보다 열등하거나 나약하다고 생각한다.
> 셋째, 그 열등함과 나약함 때문에 다른 사람이 싫어하게 되거나 다른 사람에게 거부당하는 깃을 두려워한다.
> 넷째, 다른 사람이 거절하기 전에 미리 거절당할 것이라고 예상한다. 거절하지 않고 받아들인다고 해도 진심이 아닐 것이라고 의심한다.

그리고 라이언 홀리데이 씨의 이야기를 듣는 동안, 이러한 그의 성격은 어렸을 적의 체험에 큰 영향을 받았다는 것을 알게 되었다.

그는 초등학교 때 동급생들로부터 따돌림을 당한 뒤 학교를 가지 않은 적이 있었다. 그 때 그의 어머니가 다음과 같이 말했다고 한다.

"그렇게 못나서 어떻게 하냐? 따돌림을 당하면 너도 똑같이 그렇게 해주면 되는 거야. 강한 아이가 되어야 한다!"

"네가 따돌림 당해서 학교도 못 간다는 것을 주위 사람들이 알면 엄마는 창피해서 고개를 들고 다니지 못하겠다."

"강한 아이가 돼라.", "창피해서 고개를 들지 못하겠다."는 어머니의 말이 마치 그의 인생을 지배하는 인생의 각본이 되었다는 것을 깨달은 것이다.

몇 차례의 상담을 통해서 라이언 홀리데이 씨는 진정한 강인함과 나약함이 무엇인지를 배웠다. 그리고 먼저 자신은 나약하고 강해지지 않으면 안 된다고 생각하는 인생 각본을 바꾸어 쓰기로 결단을 내렸다.

약해도 괜찮다.

상담을 하는 동안 함께 나눈 내용 중에서 중요한 몇 가지 포인트를 소개하고자 한다.

첫째, 인간은 모두 어딘가에 약점이 있으며, 그것을 알고 싶지 않다는 식으로 방어하려는 심리가 있다.

둘째, '나약함'도 그러한 약점 중에 하나이다. 낯을 가리지 않고 잘 떠들어대는 외향적인 성격이 강인함일 수도 있으나 이는 자신의 나약함을 숨기려는 행동패턴일 수도 있다.

셋째, 진정한 강인함이란 자신의 모습을 그대로 받아들일 수 있는 것이다. '나약함'을 부정하지 않고 받아들일 수 있는 사람이 강한 사람인 것이다.

넷째, 다른 사람에게 거절당해도 그것이 자신을 싫어하거나 거부하는 것이 아니며, 실제로 그것은 오직 자신의 생각이나 의견에 찬성하지 않는 것에 지나지 않는다.

다섯째, 사람은 나약해도 살아가는 데에 문제가 없다.

필자는 '나약함'을 '무능함'이라고 생각하지 않는다. 그렇게 받아들이면 '강인함'만이 옳다는 생각을 하게 된다. 그러면 강하지 않으면 살아갈 수 없다는 생각을 하게 되고, 결국 약한 사람은 나쁘다는 생각으로 연결된다.

자신의 나약함을 인정한다.

한번 생각해 보자. 정말 나약함이 나쁜 것일까? 필자는 그렇게 생각하지 않는다. 나약하다고 해서 살 수 없다고 생각하지 않는다. 몇 가지 약점도 없이 모든 면에서 강인해야만 살 수 있는 것도 아니다. 약해도 좋다. 자신의 나약함을 알고 받아들이는 것은 훌륭한 일이다.

우리 인간은 모두 어딘가 약점을 가지고 있다. 그 약한 면을 인정하는 것이 좋다. 나약함도 하나의 개성으로 받아들이는 것이다. 거기에 진정한 강인함이 있다.

내 인생 내 뜻대로 살아가는 노하우

1. 키가 크지 않아도 좋다. 몸집이 작아도 좋다. 완벽함을 추구하지 않아도 좋다.

2. 완벽하게 될 수 없다는 것에 좌절하고 자신을 혐오하는 것보다는 불완전한 자신을 받아들이고 자기 그대로의 모습에 기뻐하며, 사랑하면 그것으로 충분하다.

3. 약점도 자신의 개성, 자신의 장점이나 할 수 있는 것을 찾아 그것을 신장시켜 나가면 된다.

자신에게 맞지 않는
가면을 벗어라

어떤 남자가 상담하러 와서 이렇게 말했다.

"자신을 계속 억제하면서 '예스맨'이 되는 것은 참으로 피곤합니다. 월급쟁이니 어쩔 수 없다고 생각은 하지만 이대로 가다가는 미칠 것 같다는 생각이 듭니다. 그런 탓인지 일이 손에 잡히지 않아요. 의욕도 없구요. 그런데 집에 돌아가면 또 좋은 남편이 되어야 한다는 중압감에 시달려요. 이제 그런 가면들을 벗고 싶습니다. 어떻게 하면 되지요?"

이 세상에는 이 남성처럼 싫더라도 몇 개씩의 가면을 쓰고 사는 사람들이 많다. 이 남성뿐만 아니라 우리는 모두 싫든 좋든 가면을 쓰고 산다.

예를 들어 직장에서는 좋은 상사, 좋은 부하, 좋은 동료라는 가면을 쓴다. 가정에서는 좋은 남편, 좋은 아빠, 효자 등이 있다. 만나는 사람과 상황에 따라서 수없이 많은 가면을 쓰고 살아간다. 또한 어떤 가면은 의식적으로 쓰지만, 무의식적으로 쓰는 가면도 있다.

사회적 역할을 하기 위한 가면

이런 가면들은 모두 우리가 맡은 사회적인 역할을 하기 위해 쓰는 것들이다. 우리는 사회생활을 하면서 각자 다른 사회적 역할을 다른 사람으로부터 부여받거나 스스로 부여한다. 그리고 그 역할에 맞는 연기를 하며 살아간다.

그러면 이렇게 수많은 가면 중에서 어떤 가면이 자신에게 맞는 가면일까? 가면 중에는 쓰고 있을 때 편한 가면도 있으나 어딘가 불편해서 가능하면 쓰고 싶지 않은 가면도 분명히 있을 것이다.

즉, 가면이 자신에게 맞는 것도 있지만, 때로는 맞지 않는 것도 있을 것이다. 물론 자신이 선택한 가면이 자신에게 맞는 경우가 가장 합리적이고 바람직하다. 그러면 연기하기도 쉽고 자신이 잘 표현되기 때문에 자연스럽게 행동할 수 있다. 이렇게 자신에게 가장 잘 맞는 가면을 찾는 것, 이것을 내 인생 내 뜻대로 사는 방법이라고 필자는 생각한다.

인생이라는 무대에서 쓰는 가면

영국의 문호 셰익스피어의 작품 〈뜻대로 하세요〉에는 다음과 같은 명대사가 나온다.

"전 세계가 하나의 무대, 그리고 인간은 모두가 배우가 될 수밖에 없다. 각자 무대에 들어갔다가 나왔다가 하면서 일생 동안 여러 가지 역할을 하게 되는 것이다."

과연 셰익스피어의 말대로 우리는 인생이라는 무대에서 가면을 쓰고 연기를 하고 있다. 하나의 가면을 쓰고 무대에 올라가고, 다음에는 다른 가면을 쓰고 다른 역할을 연기한다. 때로는 역할에 어울리지 않는 가면을 쓰고 연기하는 경우도 있을 것이다. 때로는 어쩔 수 없이 연기하지만 자신이 원해서 하는 것이 아닐 수도 있을 것이다.

원치 않는 가면은 벗어라.

그런데 어느 사이엔가 그 가면이 진정한 자신의 모습을 숨기고 자신을 지키기 위한 도구가 되어 버린다. 그 가면을 마치 자신의 진정한 모습이라고 착각하는 것이다. 하지만 진정한 자신은 마음 속 한 귀퉁이에 살고 있기 때문에 시간이 흐르면 모습을 드러내게 된다. 앞에서 예로 든 남자의 말처럼 가면을 벗어던지고 싶어진다. 진정한 자신의 목소리가 더 이상 참을 수 없게 되어 큰 소리로 외치게 된다.

"좀더 자유롭게 살고 싶다!"

"자신의 기분에 정직해지고 싶다!"

"'No!'라고 말하고 싶다!"

마음의 안정이나 진정한 행복을 느끼려면 가면과 진정한 자신 사이에 격차가 없어야 한다. 가능한 진정한 자신을 드러내며 살아감으로써 심신이 모두 건강하고 행복해질 수 있는 것이다.

내 인생 내 뜻대로 살아가는 노하우

1. 자신이 싫어하는 가면은 주저없이 벗어던지자.

2. 벗을 수 있는 가면도 여지없이 벗어던지자.

3. 아무리 애써도 벗을 수 없는 가면일 경우에는 그 역할에 완전히 몰입되어 연기하라. 그리고 가면과 진정한 자신과의 격차를 줄여 나가는 것이 좋다.

자신의 인생을
스스로 컨트롤하라

고민거리가 생겼을 때 해결하는 방법은 사람마다 다르다. 그 중에 상담을 통해서 해결하려고 하는 사람들은 대체적으로 인생을 능동적으로 사는 사람들이다. 여기서 말하는 능동적이란 문제가 되는 상황을 바꾸기 위해 스스로 행동한다는 것을 말한다.

상담을 하러 오는 사람들은 대부분 인생을 진지하게 사는 사람들이다. 진정한 자신과 대면하려는 사람들이다. 적어도 문제에 직면하여 그것을 해결하려고 결심했기 때문에 상담하러 오는 것이다.

세상에는 당연하다는 듯이 인생을 막연히 표류하는 것처럼 살아가는 사람들도 있다. 목표나 문제의식 없이 정해진 행사를 치르듯이 묵묵히 살아가는 사람들도 적지 않다. 물론 인생의 목표가 뚜렷하고 명확한 목적의식을 갖고 살아간다고 해서 모든 사람이 그 목적지에 도달하는 것은 아니다. 이러한 의식의 유무에 상관없이 누구나 인생이라는 긴 항로에서 여러 가지 장애물을 만나게 되는 것이 보통이다.

인생의 문제에서 도망치지 말라.

그러면 사람들은 인생에서 어려운 문제를 만났을 때 어떻게 대응할까?

이러한 대응 방법으로 몇 가지를 생각할 수 있는데, 그 중에서 몇 가지를 말해보면 다음과 같다.

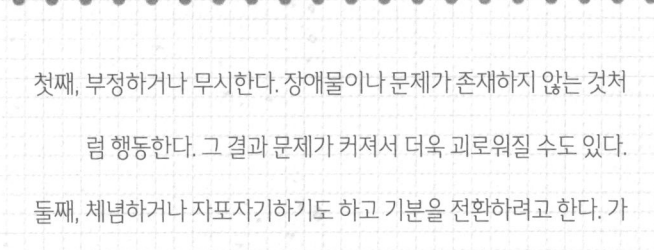

첫째, 부정하거나 무시한다. 장애물이나 문제가 존재하지 않는 것처럼 행동한다. 그 결과 문제가 커져서 더욱 괴로워질 수도 있다.

둘째, 체념하거나 자포자기하기도 하고 기분을 전환하려고 한다. 가볍게 접할 수 있고, 고민을 잊게 해주는 것에 의존한다. 예를 들어서 술이나 마약, 도박 같은 것에 의존한다.

셋째, 고민에 짓눌려 병이 나거나 죽음을 선택한다.

넷째, 다른 사람에게 고민을 털어놓고 상담하거나 전문가를 찾아서 도움을 청한다.

다섯째, 문제에 대해서 객관적으로 살펴본 다음 자기 스스로 해결책을 구한다.

여섯째, 정신 수양 등으로 마음의 안정을 도모한다.

수없이 많지만 크게 나누면 두 가지 대응 방법이 있다. 첫 번째는 문제로부터 회피하거나 도망치는 것이다. 두 번째는 그 문제를 제거하거나 뛰어넘기 위해 노력하는 것이다.

인생에서 부딪치는 문제에 대하여 도망치지 않고 시행착오를 겪으면서도 어떻게든지 극복하려고 노력하는 삶, 다시 말해서 문제에 끌려 다니는 것이 아니라 스스로 인생을 컨트롤하는 삶이야말로 건전한 삶이라고 할 수 있다.

변화를 추구하는 용기를 갖자.

여기서 문제를 만났을 때 대응하는 방법의 원리를 알려주는, 그리고 자신의 인생을 컨트롤할 수 있게 도와주는 명언 하나를 소개하고자 한다.

"바꿀 수 있는 것에 대해서는 바꾸는 용기를, 바꿀 수 없는 것에 대해서는 받아들이는 겸허함을, 그리고 그것을 분별할 수 있는 지혜를 가져야 한다."

이 명언은 먼저 바꿔야 할 것과 그중에 바꿀 수 있는 것이 무엇인지를 분별하고, 그것을 바꿀 수 있는 용기를 갖출 것을 요구하고 있다. 이 세상에는 바꾸어야 할 것이 많이 있으며, 그중에 바꿀 수 있는 것도 적지 않다. 세상은 변화를 거듭하면서 발전한다. 이데올로기도, 사회구조도, 가치관도 변하면서 성장하는 법이다. 그 변화를 추구하는 용기와 행동으로 인해서 세상도 발전하고 자신도 성장한다.

다음으로 바꿀 수 없는 것에 대해서는 받아들이는 겸허함을 요구한다.

이 세상에는 또한 바꿀 수 없는 것도 많다. 그런 것을 바꾸려고 하는 것은 무모한 일이다. 이런 것을 바꾸려고 하면 결국 욕구불만에 빠진다.

내 인생 내 뜻대로 살아가는 노하우

1. 바꿀 수 없는 것 중에 대표적인 것이 다른 사람이다. 이것도 물론 바뀐다. 하지만 그것은 내가 바꾸는 것이 아니라 상대방 자신이 변하고 싶다는 의지가 있어야만 가능하다.

2. 나를 바꾸고 상대방과의 관계가 바뀐 다음에 상대방이 바뀌는 것이다.

3. '바꿀 수 있는 것'과 '바꿀 수 없는 것'을 분별하는 지혜를 가져야 한다.

자기 뜻대로 사는 것이 타당한 이유

 24세 된 남자로 입사한 지 2년차 되는 카슨 데이트 씨가 상담하러 왔다. 그는 거침없이 "No!"라고 말하는 사람으로 정평이 나 있었다. 그래서 주위의 동료나 상사들과 원만하게 지내지 못하고 회사를 그만둘까 고민하다가 필자를 찾아왔다.

 카슨 씨는 최근에 주위 사람들로부터 "자네는 너무 제 멋대로야!"라는 말을 들었다고 한다. 그래서 필자에게 물었다.

 "제 멋대로 살면 안 되는 겁니까?"

 이 세상에는 자기 마음대로 사는 것이 좋지 않다고 생각하는 사람들이 많다. 이런 사람들은 자신의 바람이나 생각을 거스르는 상황을 만났을 때 "No!"라고 말하는 대신에 "Yes!"라고 말해 버린다. 그렇게 말한 뒤에는 "Yes!"가 자신의 뜻이 아니기 때문에 불평불만을 늘어놓는다.

그리고 동조하지 않고 자신의 주장대로 "No!"라고 말하는 사람들을 '제 멋대로'라고 비판하거나 협조적이 아니라고 비난한다.

주위에서 이런 비난을 받게 되면 그런 직장에 다니기가 괴로워진다. 카슨 씨처럼 그만둘 생각도 하게 된다.

어렸을 때부터 "자신의 생각을 분명히 갖도록 하라."는 부모님의 가르침을 받고 자란 카슨 씨는 자신의 생각을 분명하게 말하고 찬성할 수 없는 것에 분명하게 "No!"라고 말하는 것은 잘못이 아니라고 생각한다. 그렇게 살지 못하는 사람이 잘못되었다고 생각한다. 따라서 자신이 회사를 그만두게 되면 자신이 잘못했다는 주위 사람들의 생각에 동조하는 것이기 때문에 고민하고 있는 것이다.

카슨 씨는 오늘날 조직문화에 대한 중요한 문제를 제기하고 있다. 이 문제는 자기 뜻대로 살아서는 안 된다는 조직문화와 통념에 대한 문제인 것이다.

'자기 뜻대로'와 '자기 멋대로'

그런데 '자기 뜻대로'와 '자기 멋대로'를 혼동하는 것 같아서 두 말의 의미를 정리해 보았다.

'자기 뜻대로'의 의미는 자기 생각대로 하는 것이다.

'자기 멋대로'의 의미는 주위 상황이나 상대방을 고려하지 않고 자기 마음대로 하는 것이다.

첫 번째는 좋은 뜻이고, 두 번째는 좋지 않은 뜻으로 쓰인다는 것을 알 수 있다.

'자기 멋대로'에는 '내키는 대로', '안하무인격으로'라는 의미가 내포되어 있다. 그리고 이런 삶의 태도는 사회생활을 하는 데에 바람직하지 않다는 가치관에 익숙해 있다. 또한 '자기 멋대로'라는 말에는 자신의 생각을 소중히 여긴다는 '자기 뜻대로'의 뜻도 내포되어 있다. 그래서 이 두 가지 의미를 문맥 안에서 구분하여 사용할 필요가 있다. 별거 아니라고 생각할 수 있지만 뉘앙스에서는 엄청난 차이가 있다.

사람들이 '자기 멋대로'라는 말을 좋아하지 않는 것은 타인에 대한 배려를 고려하지 않는 사고방식, 자신의 기분이 내키는 대로 행동하는 것이 사회인으로 건전하지 않다는 가치관에 근거하고 있다.

또한 자기 마음대로 행동을 하면 집단으로서 모양새가 좋지 않고, 여럿이 일을 할 경우에는 중심이 서지 않아 목표를 달성하기 어렵다고 판단하기 때문이다. 다시 말해서 자기중심적으로만 산다는 것은 사회인으로서 적합하지 않다. 사회인으로서 갈등을 일으키고 주위 사람들과 조화를 이루지 못할 뿐만 아니라 거기에서 야기되는 갈등으로 인해서 사신도 힘들어지기 때문에 건전한 삶의 태도가 아니라는 것이다.

사실 그렇다고 하더라도 지신의 생각을 억세하거나 부정하는 것도 제대로 된 삶이라고 할 수 없다. 오히려 자기 마음대로 소신껏 의견을 말하고 행동하는 것이 건전하다고 할 수 있다. 자신을 부정하고 때로는 자신을 죽여가면서 대세에 따르는 삶의 태도가 오히려 자신의 정신건강에 좋지 않은 것이다.

따라서 '자기 멋대로'가 아닌, '다른 사람의 뜻대로'가 아닌, '내 뜻대로 사는 것'이 필요한 것이다.

내 인생 내 뜻대로 살아가는 노하우

1. 자신의 생각을 솔직하게 받아들이고, 거기에 충실하게 살아가는 것은 한 사람의 인간으로서 자신의 존엄을 인정하고 존중하는 것이기도 하다.

2. 스스로 자신의 생각이나 마음을 존중하듯이 다른 사람의 생각이나 마음을 존중해야 한다.

3. 자신과 타인의 생각이나 마음을 모두 존중하고 화합을 유지하면서 살아가야 한다.

자신답게 사는 것이
곧 내 뜻대로 사는 것이다

 멋진 남자를 보면 우리 주위에서 자주 하는 말이 있다. "남자답다."는 말이다. 그리하여 우리 사회에서는 '남자다움'이라는 규범에 얽매어 살고 있는 남자들이 많다.

 '남자다움'이란 과연 무엇일까? 남자가 따라야 할 사회가 정한 몸가짐이나 행동 패턴을 말하는 것일까? 그렇지 않으면 어릴 때부터 받은 가정교육의 산물일까? 양쪽 모두 포함되어 있다고 생각한다.

 '남자다움'이란 규범은 사회 저변에 흐르는 문화와 가정 문화 모두에서 배우는 것이기 때문에 이 세상 모든 남자가 '남자다움'이라는 규범을 따르고 있는 것이다. 시대의 변화에 따라 '남자다움'이라는 규범은 변한다. 그리고 지역과 나라에 따라서도 다르다.

여하튼 우리 사회에서는 이 'OO다움'이라는 규범에 의해 행동이 지배를 받는 사람이 많다. 그리고 그것이 족쇄가 되고 있다는 것을 깨닫지 못한다. 깨닫고 있다고 해도 그것을 풀 용기가 없다. 그 결과 무비판적으로 거기에 따라 사는 것이 안전하다는 의식에서 빠져나오기가 힘들다. 그리고 '남자답게', '여자답게' 살려고 애쓰고 있다.

인간답게 사는 것이 최선의 길이다.

그런데 오늘날 사람들은 남자다움과 여자다움을 뛰어넘어 '인간다움'을 추구하고 있다. 그래서 "남자가 되기 전에 제발 사람이 되라."고 말하기도 한다.

그러면 인간다움이란 무엇일까? 몇 가지를 생각할 수 있다.

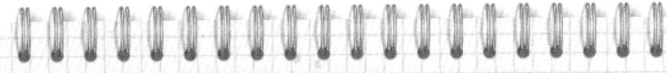

첫째, 인간은 희로애락의 감정을 가지고 있다. 그것을 때와 장소에 맞게 잘 표현하는 사람이 인간다운 사람이다.

둘째, 인간은 모두 완벽하지 않다. 어딘가 약점이나 미비한 점이 있다. 따라서 변화하고 성장해야 한다. 그것을 있는 그대로 받아들이고 받아줄 수 있는 사람이 인간다운 사람이다.

셋째, 인간에게는 제각기 개성이 있다. 체격, 성격, 능력 등. 그것을 긍정적으로 받아들이고 자신의 개성을 키우고 활용할 수 있는 사람이 인간다운 사람이다.

이 세상에 오직 하나밖에 없는 자신을 소중하게 여기고 살아가는 것이 인간답게 살아가는 것이다. 인간답게 산다는 것은 '자신답게' 산다는 것과 일맥상통하는 이야기다. 자신에게만 있는 개성과 능력을 받아들이고 그것을 소중하게 생각하는 삶으로 연결된다. 따라서 자신답게 살아가는 것이 가장 바람직하다고 할 수 있다.

내 인생 내 뜻대로 살아가는 노하우

1. 먼저 자신의 개성, 능력을 검증해 본다. 무엇이 장점인지 파악하고 그것에 자부심을 갖는다.

2. 주위로부터 강요받은 '인생각본'을 자신의 인생각본으로 바꾼다.

3. '자신다움'을 표현했을 때는 스스로 잘했다고 칭찬한다.

Part 2
"NO!" 라고 말할 수 있는 용기

> 내 인생을 내 뜻대로 살기 위해서는 자신의 뜻을 주장하고 지킬 필요가 있을때 "NO"라고 할 수 있어야 한다.

"No!"라고 말할 수 있는 사람

세상을 살다보면 "No!"라고 말해야 할 상황이 있다. 그런 상황을 요약해서 말하면, 자신의 뜻을 주장하고 지킬 필요가 있을 때이다. 우리들은 그런 경우에 "No!"라고 말하고 싶지만 대부분 그렇게 하지 못한다. 그 이유는 여러 가지 이유가 있다. 인정상 또는 의리상 "No!"라고 말하지 못한다. 그런 뒤에 "No!"라고 말하지 못한 것을 곧 후회한다. "No!"라고 말했더라면 이렇게 되지 않았을 텐데 하고 한탄한다. 그러나 이미 때는 늦었다.

누구에게나 이런 경험은 한두 번 있을 것이다. 하지만 한두 번이 아니라 항상 그런 일을 되풀이하는 사람들이 있다. 그럴 때마다 그들은 손해를 보고 있다고 말할 수 있다.

그런데 오늘날은 많이 변했다. 직장에서도 젊은이들은 자신이 싫으면 서슴없이 "No!"라고 말한다. 상사가 야근을 하라고 말해도 "죄송합니다. 오늘은 중요한 약속이 있어서요."라고 말하면서 "No!"한다. 무슨 부탁을 해도 "그 일은 제가 할 일이 아닌데요."라고 단호하게 "No!"한다.

이와 같이 확실하게 "No!"라고 말하는 사람을 보는 시선은 여러 가지가 있다. 그렇게 당당하게 "No!"라고 말하여 자신의 이익이나 입장을 지키는 사람을 보고 부러워하는 사람들이 있다. 반면에 그런 사람을 자신의 이익이나 상황만을 지키려는 사람이라고 비난하는 사람들도 있다. 그래서 "No!"라고 말하지 않고 어느 정도는 상대의 부탁이나 명령을 따르는 것이 이 세상을 살아가는 데에 현명한 일이라고 생각하고 그런 사고방식을 당연시 하는 사람들도 있다.

그런데 문제는 이런 사람들이 어느 날 갑자기 "이렇게 살다가는 내 인생, 실패로 끝나고 말 거야."라고 깨닫는다는 점이다. 게다가 더욱 큰 문제는 자신의 몸과 마음의 건강에 이상이 생기고 나서야 자신의 삶을 되돌아보고 깨닫는다는 점이다.

필자에게 상담을 받으러 오는 사람들 중에 많은 사람들이 바로 그런 문제를 가지고 온다. 그러면서 그들은 묻는다.

"저는 왜 일이나 인생에서 의욕을 느끼지 못하는 겁니까?"

"왜 하루하루를 사는 것이 즐겁지 않습니까?"

그러면 필자는 그들에게 "왜 'No!'라고 말해야 할 때 그렇게 하지 않았습니까?"라는 질문을 시작으로 그 원인을 찾아간다.

그 다음에 그들이 "No!"라고 말하려면 무엇이 필요하며 어떻게 하면 좋을지를 생각한다. 이러한 일련의 작업은 결코 간단하지는 않다. 많은 시간이 필요한 사람이 있는가 하면, 그렇지 않은 사람도 있다.

어쨌거나 문제의 해결은 먼저 자신의 행동패턴을 깨닫는 일에서부터 시작한다. 그것을 깨닫지 못하면 시작할 수 없다. "No!"라고 말하지 못하고, "No!"라고 말할 수 없는 자신의 행동 패턴이 자신의 인생에 어떤 영향을 미치고 있는지를 깨닫는 것이 무엇보다도 중요하다.

자신의 행동 패턴을 알게 되는 것은 거울 앞에 서서 자신의 모습을 대면하고 자신의 모습을 확실히 보는 것과 같다. 그러기 위해서는 용기가 필요하다. 거울 속에 비친 자신의 진정한 모습, '예스맨'이라는 가면을 쓰고 있는 자신의 진정한 모습, 그 가면 밑에 감춰진 진정한 얼굴을 바라보는 용기가 필요하다. 그런 용기가 있을 때 무슨 일이 일어난다. 무엇인가 변한다. 그때부터 자신의 인생을 자신의 뜻대로 살게 된다.

먼저 자신의 진정한 모습을 깨닫고 자신이 되라.
"No!"라고 말하지 못하는 사람들의 심리적 공통점은 다음과 같다.

- 남의 감정에 민감하다.
- 남의 비판을 두려워한다.
- 남을 도와주고 싶은 마음이 있다.
- 자신의 일로 사과하는 경우가 많다.
- 자기 자신을 책망한다.
- 자신의 일에 대해서 주위 사람들이 어떻게 생각하고 있는가에

대해서 신경을 쓴다.
- 자신만을 위한 시간이 없다.
- 스스로를 현관문에 있는 신발 매트처럼 생각한다.

"No!"라고 말하지 못하는 사람들과 상담을 해보면 그들도 대부분 "No!"라고 말하지 못하는 것은 무슨 이유인지, 이것이 내 인생에 어떤 영향을 미치는 것인지에 대해서 생각해 보고 싶다고 말한다. 이런 사람들과 상담을 통해서 필자가 깨달은 것은 "No!"라고 말하지 못하는 대부분의 사람들도 그런 자신에 대해서 불만을 가지고 있으며, 그런 자신을 바꾸고 싶어 한다는 사실이다.

내 인생 내 뜻대로 살아가는 노하우

1. 자신이 되려면 먼저 자신을 알아야 한다.

2. 진정한 자신과 대면하여 자신, 즉 자신의 생각과 기분을 알 때 비로소 자신을 지키기 위해 "No!"라고 말할 수 있다.

3. 용기란 먼저 자기 자신이 되는 것이다. 무엇인가를 하기 위한 용기를 갖기 전에 자신이 되는 용기가 필요하다.

"No!"라고 말하지 못하는 약점
"No!"를 듣지 않는 결점

"No!"라고 말하지 못하는 약점

어느 금융회사의 채권회수 직원들을 상대로 세미나를 할 때의 일이다. 채권회수를 하기 위해 상담을 통한 방법을 사용하고 있는 팀장이 상담하러 왔다. 채권회수를 위해 강압적인 방법으로 단기적인 성과를 올려 부장으로 승진한 상사가 상담을 통한 채권회수 방법은 적합하지 않다고 말하는데 "No!"라고 대답하지 못했다며 자책하면서 스트레스에 빠져 있었다. 그리고는 그 해결책에 대해서 상담하러 왔다. 그는 그 때 "No!"라고 말하지 못한 것이 그렇게 후회스럽다고 하였다.

"No!"라고 말해야 할 때와 말하지 않아도 좋을 때가 있다.

그러나 반드시 "No!"라고 말해야할 때 말하지 못하는 것은 그 사람의 큰 약점이며 동시에 죄가 되는 것이다.

같은 행동이라도 죄가 성립되는 경우가 있고, 성립되지 않는 경우가 있다. 범죄인 줄 알고 있으면서도 모르는 척 하고, 보고 있으면서도 못 본 척하는 것도 죄다. 즉 범죄를 용인한 죄이다.

반드시 "No!"라고 해야 할 때, "No!"라고 말하지 않는 것은 사회에 대해서 죄가 됨은 물론이고 자기 자신에 대한 죄도 된다. 따라서 그 죄에 대한 대가가 더 큰 것이다. 말하지 못했기 때문에 그런 자신이 더 괴로운 것이다. 말하지 않았기 때문에 자책감에 사로잡히게 된다. 그것이 정신 건강에 좋지 않음은 말할 필요가 없다.

2차 대전을 비롯하여 전쟁 중에 일어난 잔혹한 행위로 자책감에 빠져 있는 사람들의 이야기를 많이 듣는다. 그들은 상사의 지시에 대해서 "No!"라고 말하지 못했기 때문에 그런 일들을 저지른 것이다.

반면에 미국에서는 정부가 이라크 공격을 하려 할 때 "No!"라고 말한 사람들이 많았다. 그들은 국가가 저지를 수 있는 커다란 범죄를 막기 위해서 "No!"라고 말한 것이다.

"No!"를 듣지 않는 결점

"No!"라고 말해야 할 때 말하지 못하는 것도 문제지만 또한 "No!"에 귀를 기울이지 않는 것도 문제이다.

예를 들어 부하 직원의 "No!"가 아무리 회사에 중요하고 가치 있는 의견이나 정보라고 해도 상사가 들어주지 않는다면 최고 경영자에게 전달되지 않는다. 그 결과 회사가 큰 손실을 입는 경우가 있다. 때로는 회사의 존립 여부가 달라지는 경우도 있다. 부하의 "No!"를 상사가 들어주지 않음으로써 회사가 결정적인 위험에 직면하게 되는 것이다.

이런 사례는 오늘날 매스컴을 통해서 많이 보도되고 있다.

또한 이런 "No!"에 대한 정보를 들었을 때 수렴하지 않는 최고 경영자의 잘못도 크다. 최고 경영자가 이런 정보에 둔감하면 조직 전체가 무너질 가능성도 무시할 수 없다.

그런 경영자는 경영자로서의 자격이 없다고 할 수 있다. 그런데 실제로는 이런 경영자가 우리 주변에 수없이 많이 있다. 그런 경영자는 회사는 물론 사회와 국가에 큰 잘못을 저지르고 있는 것이다.

정치인들 중에도 그런 사람들이 적지 않다. 주위에 '예스맨'들만 심어 놓고 자신에게 좋은 소리만 듣고 정치를 좌지우지하다가 결국 신세를 망치는 정치인들이 수없이 많다. 이런 정치인들도 사회와 국가에 대해서 큰 잘못을 저지르는 것이다.

"No!"라고 말하고 들을 수 있다는 것은 용기이며, 능력이다.

"No!"라고 말할 수 있는 용기를 가진 참모를 둔 정치인들이 많지는 않지만 그래도 있다. 미국의 이리크 침공을 반대한 정치인들을 그 예의 하나로 볼 수 있다. 끝내 파병했지만 반대하던 정치인들도 없지 않았다.

"No!"라는 의견에 귀를 기울이지 않는 상사, 경영자와 지도자는 모두 큰 잘못을 저지르는 것이다.

내 인생 내 뜻대로 살아가는 노하우

1. 지도자나 위치가 위에 있는 사람은 밑에서 올라오는 마이너스 정보에 귀를 기울이는 자세가 중요하다.

2. 부하들에게 소신껏 "No!"라는 의견을 말하게 하고 그것에 진지하게 귀를 기울이며, 상층부에 전달할 수 있어야 한다.

3. "No!"를 수렴하는 시스템, "No!"라고 말해도 부당한 대우를 받지 않는 시스템 육성이 급선무이다.

"No!"라고 말한 후의 파문을 두려워하지 말라

한 사람이 어느 날 필자를 찾아와서 이렇게 말했다.

"저는 요즘 생각한 게 있어서 직장에서나 친구들에게 거리 낌없이 'No!'라고 말하게 되었습니다. 그야말로 누구에게나 'No!'라고 말하게 된 것이지요. 그런데 묘하게도 'No!'라고 말한 뒤에는 어김없이 그 'No!'에 대한 파문이 일어났습니다. 그리고 심지어 인간관계도 꼬이고 갈등마저 생겼습니다. 정신적으로 스트레스도 많이 받았습니다. 그래서 'No!'라고 하지 않고, 다른 사람이 말하는 대로 따르며, 주위에서 결정하는 대로 묵묵히 따르는, 그리하여 파문을 일으키지도 않고, 그다지 고민을 하지 않아도 살 수 있는 그런 사람이 될까하는 생각도 어떤 때는 했습니다. 그러나 'No!'라고 말하고 싶을 때 'No!'라고 말하는 것이 훨씬 기분이 좋습니다. 그래서 결국 파문이 일어난다고 해도 'No!'라고 거리낌없이 말하기로 했습니다."

또 필자의 세미나에 참석한 후 자신은 'No!'라고 말하기 쉬웠다고 말하는 한 사람은 이렇게 고백했다.

'No!'라고 말하는 방법을 배우기 시작하자 그것이 그렇게 어렵게 느껴지지 않았습니다. 때로는 피곤하지만 'No!'라고 말하는 스스로를 즐기고 있습니다."

우리 주변을 보면 인생을 살아가는 방법은 각양각색임을 알 수 있다. 모든 사람이 각자 다른 생각과 자세로 인생을 살아가고 있다.

세상을 살아가는 세 가지 방법

사람은 제각기 생각과 감정이 다르기 때문에 인생을 다르게 살며, 세상을 대하는 방법도 각각 다르다. 하지만 이것을 크게 분류하면 다음의 세 가지 유형으로 나눌 수 있다.

첫째, 수동적인 유형이다.

    수동적인 유형은 스스로 일을 만들지 않고 세상에서 일어나는 사건이나 주변에서 일어나는 일을 순순히 받아들이는 형을 말한다.

둘째, 반동적인 유형이다.

    무슨 일이 일어나면 그것에 반동하는 형태로 살아가는 타입이다. 상대방이나 주변 상황의 움직임에 따라 행동하는데, 스스로는 행동하지 못하는 스타일이다.

셋째, 능동적인 유형이다.

    스스로 솔선하여 적극적으로 일을 만들어 살아가는 타입으로 결과를 두려워하지 않고 대응하는 유형이다.

물론 이 세 가지 타입 중에서 어느 한쪽에도 해당되지 않는 사람이 있다. 또 자신은 이 세 가지 타입의 중간 정도에 해당된다고 생각하는 사람도 있다. 상황에 따라서, 어떤 때는 수동형이었다가 어떤 때는 능동형의 사람이 되기도 한다. 주로 능동적이지만 경우에 따라서는 반동적인 사람도 있을 것이다.

파문을 두려워 말라.

여하튼 각자의 자세나 처세 방법에 따라서 자신이 직면한 상황에 대해 받아들이는 태도, 느끼는 정도, 분석이 다르고 어떻게 행동할지에 대한 선택이 다르다.

언제나 반동적으로 살아가는 사람은 그 때 상황이나 주변 환경에 맞추려 하기 때문에 자기 주위에 있는 사람들과 마찰을 일으키지 않고 원만하게 살아간다. 파문이나 트러블을 일으키지 않기 때문에 겉으로 보기에는 행복해 보이지만 사실은 그렇지 않다.

반면에 능동적인 사람은 스스로 일을 만들 뿐만 아니라 인간관계를 뒤흔드는 일을 자주 일으킨다. 물론 파문도 일어난다. 그 결과 인간관계에 갈등을 몰고 올 가능성도 농후하다. 그 때문에 고민하거나 때로는 잠을 설치는 일도 생길 수 있다. 하지만 바로 그런 삶이 인간다운 삶이라고 생각한다.

고민이나 괴로움이 전혀 없는 인생은 없다. 그런 인생을 기대할 수도 없다. 고민에 빠지지 않고 인생을 살아가는 사람은 아마도 없을 것이다. 설령 있다고 해도 그 사람은 인생을 살았다고 말할 수 없을 것이다.

우리는 이 세상에 태어날 때부터 고뇌를 안고 이 세상으로 나온다. 아홉 달 동안 어머니 뱃속에서 편안히 있다가 때가 되어 나온 이 세상은 어떤 세상인가? 온도나 감촉의 차이, 귀에 들어오는 여러 가지 잡다한 소리, 이 모든 것들이 결코 즐거운 것만은 아니다. 이와 같이 태어나는 그 순간부터 고뇌를 맛보는 것이다.

고뇌를 즐거움으로 바꾸어라.
따라서 인생 최대의 과제는 살아가면서 피힐 수 없는 인생의 고뇌를 즐거움으로 바꾸는 데에 있다고 생각한다.

내 인생 내 뜻대로 살아가는 노하우

1. "No!"라고 말함으로써 발생하는 파문을 두려워 말라.

2. "No!"라고 말할 수 있다는 것은 주체적이고 능동적으로 살아간다는 증거이므로 그 결과를 충분히 받아들여라.

3. 인간다운 인생을 인간답게 살아가는 증거라고 생각하고 거기에 기쁨을 부여하고 즐기는 태도가 필요하다.

가치관이 서 있을 때 "No!"라고 말할 용기가 난다

이 세상에는 타협해도 될 일과 타협해서는 절대로 안 될 일이 있다. 그것을 구분하는 일이 무엇보다도 중요하다.

직장에서도 그런 일은 분명히 있을 것이다. 판매원 신분으로도 "No!"라고 해야 될 때가 있다. 사장이나 상사 또는 고객에 대하여 절대 타협할 수 없는 일에 대해서는 "No!"라고 대답해야 한다고 생각한다.

그런데 그것을 어떻게 인식하고 판단할 수 있을까? 결코 쉬운 일은 아니다. 또 그런 판단을 했다고 해서 쉽게 실행에 옮길 수 있는 것도 아니다.

먼저 제대로 식별하기 위해서는 자신의 가치관을 분명하

게 세워 두어야 한다. 무엇이 옳고 그른지, 선과 악이 무엇인지, 자신에게는 무엇이 중요한지를 판단하는 근거를 분명히 해두지 않으면 안 된다. 자신을 지키기 위해서, 그리고 자신의 입장을 지키고 책임을 다하기 위해서라도 가치관을 분명히 해 두어야 한다. 또한 자신의 생활이나 생명, 가족의 생활, 동료의 이익, 또는 사회 전체를 지키고 구하기 위해서라도 그래야 한다.

방치해서 좋은 일과 그래서는 안 되는 일, 용납할 수 있는 일과 절대 용납할 수 없는 일이 있다고 생각한다. 또한 도의적, 윤리적, 법률적으로 결코 간과해서는 안 되는 일도 있다.

이럴 때에 나중에 후회하지 않을 판단을 할 수 있는 생각이나 원리 원칙을 고수하는 것이 참으로 중요하다. 그렇지 않으면 소신 없이 그때그때 기분이나 상황에 따라가게 되고, "No!"라고 해야 할 때 "No!"라고 하지 못하며, 타협해서는 안 될 때에 타협해버리는 비리를 저지르게 된다. 또 감정에 치우쳐 "No!"라고 말해버리는 경우도 생기게 된다.

그러나 자기 자신의 가치관을 분명하게 해 두면 양보할 수 있는 일과 양보할 수 없는 일을 명확히 판단하게 된다. 또 중요한 일에는 분명한 태도를 취하게 되고, 사소한 일에는 대범한 태도를 취하게 될 것이다.

용기가 없으면 "No!"라고 말하지 못한다.

"No!"라고 말해야 할 때 "No!"라고 하기 위해서는 용기가 필요하다. "No!"라고 말한 것에 대한 주위의 반응, 때로는 보복도 각오해야 한다.

이럴 때 자신의 생각이 애매모호하면 자신의 말에 대한 확신이 없기 때문에 용기가 나지 않는다. 그렇게 되면 자신의 주장을 끝까지 관철할 자신이 없어지게 될 것이다.

반대로 자신의 생각이 확고히 정해져 있다면 그렇게 오래 걸리지 않고 "No!"라고 말할 용기가 생길 것이다. 가치관을 지키기 위해서 즉, 자신의 생활이나 생명, 가족의 생활, 동료의 이익, 또는 사회 전체를 지키고 구하기 위해서라면 어떻게 해서든지 "No!"라고 해야 한다. 다소 위험이 닥치더라도 고양이 목에 방울을 달러갈 용기가 솟아날 것이다.

내 인생 내 뜻대로 살아가는 노하우

1. 확실한 가치관에 따른 판단 없이 상사나 높은 사람에게 "No!"라고 말했다가 자신에게 마이너스 결과만을 초래하는 경우가 많다.

2. "No!"라는 뜻을 표현하는 방법 또한 쉬운 일은 아니다.

3. 윗사람에게 "No!"라고 말할 때는 상황이나 타이밍, 표현 등을 현명하게 판단해야 한다.

"No!"라고 말함으로써 의욕이 생긴다

우리들이 흔히 듣는 말에 "의욕이 없다.", "의욕을 내라."는 말이 있다. 하지만 그 '의욕'이란 말의 의미를 명확히 알고 사용하는 경우는 많지 않다.

누군가가 "의욕을 내라."고 말할 때 무엇이 의욕인지 모르면 더욱 열심히 할 기운이 나지 않을 것이다. 노력한다고 해서 의욕이 그렇게 쉽게 나오는 것이 아니기 때문이다.

그럼 '의욕'이란 대체 무엇일까?

한 세미나에서 수강생들에게 "의욕이란 무엇입니까?"하고 물은 적이 있다. 그때 의욕이란 무엇이라고 선뜻 대답하는 수강생이 없었다. 그래서 필자는 나름대로 의욕에 대해서 설명하고자 한다.

의욕은 영어로 'self empowerment'라고 한다. 'empower'란 힘을 넣는다는 뜻으로, 즉 스스로 힘을 넣는 것을 의욕이라고 한다.

인간에게는 여러 가지 힘이 있다. 체력, 정신력, 의지력 그리고 인간관계에서 얻어지는 힘 등이 있다.

의욕이 없는 것은 체력이나 정신력이 부족해서일 수도 있다. 그렇지 않으면 가정이나 직장의 인간관계에 문제가 있어서 그럴 수도 있다. 이런 힘이 종합적으로 충분한 상태를 의욕이 넘치는 상태라고 한다. 반대로 이들 힘 중 어딘가 부족한 것을 의욕이 정체되었다고 한다.

그렇다면 어떤 힘이 부족한지, 결여되어 있는지를 체크하여 모자라는 부분을 보충해야 할 것이다.

장애물을 뛰어넘는 사람

대부분의 사람들은 어떤 목표를 세워놓고 그 목표를 바라보며 살아간다. 물론 인생을 아무런 목표도 없이 표류하는 사람들도 많다. 인생의 목표가 없고 그저 막연히 살아가는 사람에게는 무슨 일을 하고자 하는 의욕이 없다.

그 목표가 사람마다 다른 것은 당연하지만, 인간은 자아실현이란 공통된 목표를 향해 계속 성장해 가는 존재이다. 인간이 갖고 있는 생리적 욕구, 안정에 대한 욕구, 애정을 느끼고자 하는 욕구, 소속에 대한 욕구, 승인 욕구 등도 모두 자아실현이라는 궁극적인 목표를 바라보고 있다. 우리는 의식적으로 또는 무의식적으로 자아실현을 목표로 살아가고 있는 것이다.

그런데 인생을 살다 보면 자아실현을 방해하는 여러 가지 장애물에 부딪치게 된다.

장애물이 없는 인생은 없다. 원하는 대로 되어 주지 않는 것이 또한 인생이다. 불운이라고 하는 상황을 만날 수도 있다. 그러한 때에 자신의 불운을 한탄하고 체념하며 좌절하는 사람이 있다.

"시대를 잘못 만났다.", "이런 상사 밑에서 일하는 것이 불운이지.", "이런 동료와 함께 일하는 것 자체가 불운이야."라고 말하면서 체념하고 한탄한다. 장애물이나 불운을 만나 의욕을 잃었다고 해도 과언이 아니다.

반면에 그런 장애물과 불운을 이겨내고 극복한 사람도 있다. 자신의 불운에 "No!"라고 말하며 결연히 대항하는 것이다. 의욕이 있는 사람은 자신의 인생에는 "예스!"라고 말하고 불운에 대해서는 "No!"라고 말하는 사람이다.

불운에 "No!"라고 말하자.
만약 당신이 현재 의욕이 없다고 느낀다면 다음을 생각해 보자.

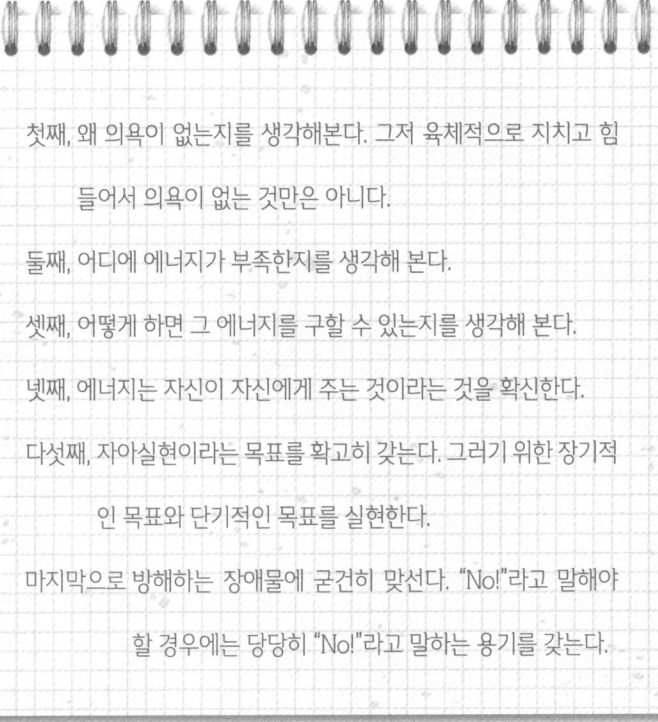

첫째, 왜 의욕이 없는지를 생각해본다. 그저 육체적으로 지치고 힘들어서 의욕이 없는 것만은 아니다.
둘째, 어디에 에너지가 부족한지를 생각해 본다.
셋째, 어떻게 하면 그 에너지를 구할 수 있는지를 생각해 본다.
넷째, 에너지는 자신이 자신에게 주는 것이라는 것을 확신한다.
다섯째, 자아실현이라는 목표를 확고히 갖는다. 그러기 위한 장기적인 목표와 단기적인 목표를 실현한다.
마지막으로 방해하는 장애물에 굳건히 맞선다. "No!"라고 말해야 할 경우에는 당당히 "No!"라고 말하는 용기를 갖는다.

빅터 프랭클 교수는 "인간은 불운에 저항할 수 있는 정신적인 힘을 가지고 있다."고 말하였다. 참으로 기억할 만한 명언이다. 프랭클은 유대인 정신과의사로, 제2차 세계 대전 때 아우슈비츠 유대인 강제수용소의 가혹한 생활에서 살아남은 몇 안 되는 사람이다. 그는 불운에 체념하지 않고 언젠가 수용소에서 겪은 심리 정신 상태를 강의하는 날을 꿈꾸며 자신의 혹독한 체험을 견디며 교재로 삼았다. 그리고 끝내 살아남았다. 자신의 불운에 대해서 "No!"라고 말하는 것을 멈추지 않았기 때문이다.

내 인생 내 뜻대로 살아가는 노하우

1. 자아실현에 방해되는 것에 대하여 언제나 "No!"라고 말하라.

2. "No!"라고 말해야 할 때 그렇게 하면 의욕이 생긴다.

3. 자신의 불운에 "No!"라고 말하면 사는 태도, 일하는 태도에도 의욕이 생긴다.

상사에게 "No!"라고 말할 수 있는 용기

어느 대기업 이야기를 하나 소개할까 한다.

부장에게 1년간의 업무 면접 평가를 받은 과장 로버트 씨. 그런데 평가가 아무리 생각해도 공정하지 않고 납득할 수가 없어 부장과 직접 만나 대화를 하였다. 하지만 아무 소용이 없었다. 그래서 로버트 씨는 사장에게 직접 이메일을 보내 호소했다.

메일을 받은 사장이 그 부장에게 어떤 대응을 했는지에 대해서는 밝혀지지 않았으나 나중에 들어보니 사장의 지시로 업무 평가 방법이 개선되었다고 한다. 그로 인해 많은 예산을 들여 다년간에 걸친 평가 방법 개선이 이루어졌다.

필자는 로버트 씨의 이야기를 듣고, 사장에게 직접 호소할 결단을 내리고 실행에 옮긴 로버트 씨나 또 그의 말에 귀를 기울여 평가 방법 개선을 단행한 사장 모두 용기 있는 사람이라고 생각했다.

조직 생활에서 엉뚱한 발언이나 행동을 하면 곤경에 처해지거나 따돌림을 당하기 일쑤다. 아니 반대로 그런 행동으로 영웅이 된다고 해도 조직 생활에서 살아남기란 매우 어렵다. 그런 분위기가 팽배한 우리 사회에서 '옳다'고 확신하는 일을 실행에 옮기는 데는 엄청난 용기가 필요하다.

사장의 다섯 가지 타입

그런데 우리 사회에는 사장이라는 직함을 가진 사람이 발에 치일 정도로 많다. 그 모든 사람이 사장이 갖추어야 할 능력을 갖고 있다고 할 수는 없다. 다시 말해서 직원이나 고객의 이익을 중시하면서 기업을 경영하고, 사회에 공헌하며, 많은 사람을 지휘하는 능력을 충분히 갖추지 못한 사장도 부지기수이다.

필자는 직업상 대기업에서 중소기업에 이르기까지 많은 사장들을 알고 있으며 개인적인 친분관계가 있기 때문에 사장에도 여러 가지 타입이 있다고 느꼈다.

여기서는 몇 가지 타입을 소개한다.

1. 권력에 아부하는 타입 - 위만 쳐다보고 아래는 보지 않는다. 자신의 자리를 지키는 데만 혈안이 되어 있다. 이는 고용 사장에게서 많이 볼 수 있다. 사장이나 지도자로서의 철학이 없다.

2. 말과 행동이 다른 타입 - 공언한 것을 실행에 옮기지 않는다. "우리 회사는 절대 부정한 일을 하지 않으며 용납도 하지 않는다."고 공언하지만 스스로는 부정을 저지른다. 입사 오리엔테이션 등에서 "타인과 같은 발상을 하지 마라. 우리 회사는 독특한 인간을 원한다."고 연설하지만 말뿐이고 실행에 옮기지 않는다.

3. 예스맨 타입 - '예스맨'을 일관되게 관철하여 사장직에 오른 사람. 이런 사장은 직원들에게도 '예스맨'이 될 것을 요구한다.

4. 아랫사람과 동료를 챙기는 타입 - "위를 보기 전에 아래를 보고, 그리고 나서 좌우를 봐라."를 가르치고 직접 실행에 옮기는 사

람. 또 "권력에 아부하지도, 권력을 휘두르지도 말라."를 실천하는 사람이다.

5. 말은 적게 하고 실행하는 타입 - 조회 등에서 일방적인 설교를 하지 않는다. 그 대신 현장 직원과의 대화를 원활하게 하며, 직원의 이야기에 귀를 기울여 정보를 흡수한다. 점심식사도 일주일에 한 번은 꼭 일반 사원 식당에서 먹는다.

동의하지 않는 기술을 연마하지 않았던 과거의 오류

우리 사회는 조금씩 변천해 오고 있지만 여전히 집단 사회이며, '동의하는 기술'을 익히지 않으면 조직 사회에서 견디기 힘들고 살아남기도 어려운 시대라는 것을 지식인들은 지적하곤 한다.

이러한 '동의하는 기술'이 '침묵의 기술'을 길러왔다. 다시 말해서 "No!"라고 말해야 할 때, 자신의 의견을 주장하고 상대방을 설득하는 기술을 기르지 못한 것이다.

사소한 일, 아무래도 좋은 일에는 "No!"라고 말하면서도 크고 중요한 일에는 눈을 감고 다물어버리는 '침묵의 동의'를 통해 '동의하지 않는 기술'과 삶의 방식을 익히지 않았던 것이다.

"No!"를 적절히 말하는 지혜

그러한 동의하지 않는 기술 중에서, 사장에게 "No!"라고 말해야 할 때의 지혜로운 자세를 몇 가지 소개한다.

1. 먼저 용기를 가질 것 – 우리는 큰일에도 "No!"라고 말할 용기를 갖고 있어야 한다. 왜냐하면 큰일에는 더 커다란 위험이 수반되기 때문이다. 사직서를 쓸 정도의 각오가 필요하다. 그러기 위해서는 앞에서도 말했지만 자신의 철학, 가치관이 반드시 있어야 한다.

2. 어떤 사장인지를 관찰할 것 – 아랫사람의 의견에 귀를 기울일 줄 아는 사람인지, 이야기를 듣고 공평하게 판단하고 결단을 내리는 용기가 있는 사람인지를 유심히 관찰한다.

3. "No!"라고 말해야 하는 자신의 동기를 음미할 것 – 회사의 운명에 관계된 것인가, 인도적으로 용납할 수 있는 것인가. 아니면 자신의 사리사욕에 근거한 것인가.

내 인생 내 뜻대로 살아가는 노하우

1. 상사에 대한 "No!"는 충분한 고려 뒤에 행해야 한다.

2. 몇 가지 선택 방법을 생각한 뒤에 가장 좋은 선택인지를 생각해 볼 것 - 다른 방법을 시도해 보았는가?

3. 추측에 의하지 않고 사실에 근거를 둔 문제인지, 논리적으로 설명하고 설득할 수 있는지를 음미할 것.

상대방과 의견이
일치되는 부분부터 말하라

　평소 인간관계를 유지해 가다가 보면 상대방이 하는 말이나 주장에 대해서 동의할 수 없는 경우가 많다. 어떤 모임이나 직장에서 회의를 할 때나, 단순히 잡담만 하는 자리에서도 그렇다. 그럴 경우 아무렇지도 않게 반대 의견을 말하는 사람이 있는가 하면, 그렇지 못한 사람도 있다. 대부분의 사람들은 대체적으로 그런 자리에서 반대 의견을 말하는 경우가 많지 않다. 나중에 가서 "사실 그 사람의 말에 동의하지 않는다."고 말한다. 이런 행동은 상대방의 자존심을 생각하기 때문이다. 그래서 모임에서 결정한 사항에 대하여 불만을 느끼면서도 하는 수 없이 따르던지 뒤에서 반대 의견을 말하는 경우가 많다.

이런 경우 상대방과 다른 의견을 말하고, 자신의 의견에 찬성하도록 설득하려면 상당한 용기가 필요하다. 또한 지혜도 필요하다.

회의에서 대세의 흐름에 역행하는 의견을 말하거나 새로운 제안을 할 경우는 깊이 생각하고 각오해야 한다. 발언 방법에 대한 연구도 세심하게 해야 한다. 그렇지 않으면 모처럼 의견이나 제안을 해도 받아들여지지 않거나 이단자로 찍히고 곤경에 빠질 우려도 있다.

이런 일이 발생할까 봐 발언을 자제하거나 말하지 않을 경우도 있다. 하지만 마음이 개운치 않고 후회도 하게 된다. "그 자리에서 내 의견을 말했어야 했는데." 하고. 그러나 때는 이미 늦었다. 그리고 아쉬움이 남아 회식 자리 등에서 발설하는 어리석음도 저지르게 된다. 이러한 대응 방법은 바람직한 방법이 아니며 때로는 화를 초래하기도 한다.

갈등 처리의 올바르지 못한 방법

로버트 슐러 씨는 평소에 성격도 온순하고 직장에서 인간관계로 갈등을 일으키는 일은 전혀 없다. 그러나 술을 마시게 되면 문제가 생긴다. 상사에 대한 험담도 거침없이 한다. 뒤에서 뿐만 아니라 면전에서도 막말을 하여 충돌하는 경우가 있다. 그리고는 그 이튿날 상사에게 불려가 야단을 맞는다.

"로버트 슐러, 자네가 그런 말을 하다니……. 앞으로 말조심해야 되겠어."

그러면 본인은,

"기억이 나지 않습니다."

"술 때문에 그런 실수를 했습니다. 앞으로 절대로 그렇게 행동하지 않겠습니다."

라고 납작 엎드려 사과를 한다. 그런데 술을 먹으면 또 그런 실수를 반복한다.

로버트 슐러 씨는 필자에게 상담을 받으러 왔다. 그리하여 필자와 함께 인간관계의 갈등을 풀기로 했다.

상대방의 자존심을 고려하라.

상사뿐만 아니라 자신과 이해관계가 있는 사람과 의견이 충돌할 때 대응하는 방법으로는 다음과 같은 것이 있다.

첫째, 아무 말도 하지 않는다. 그런데 이 방법은 스트레스가 쌓인다. 스트레스 처리 방법에 따라 정신 건강 상태가 달라질 수 있다. 앞에서 예로 든 로버트 슐러 씨는 스트레스 처리 방법이 서투른 사람이다.

둘째, 반대 의견을 말한다. 여기에는 상대방을 비난하거나 공격하는 등 감정적으로 대처하는 방법과 감정에 휩쓸리지 않고 논리적으로 반대하는 방법이 있다. 이 두 가지 방법은 결과적으로 완전히 다른 상황을 가져올 수 있다.

셋째, 상대방의 의견 중에서 찬성할 만한 부분이 있으면 그것을 인정한다고 말하고 그 다음에 자신의 의견을 밝힌다. 그리고 근거도 충분히 댄다.

위의 방법 중에서 세 번째 방법이 상대방이 받아들일 가능성이 가장 높고, 자신의 정신 건강에도 좋다.

우리는 누구나 자신의 의견이나 생각에 대하여 상대방이 정면으로 반박하면 상처를 입는다. 게다가 반대 의견에 대해 즉각 반발하고 싶어진다. 인간에게는 자존심이라는 것이 있다.

공격을 받으면 자신을 지키는 행동을 하게 마련이다. 물론 의연하게 받아들이는 사람도 있지만 대부분은 상처를 입는다. 그것이 보통 사람들의 심리라고 생각한다.

한편 자신의 의견이나 생각이 부분적으로나마 인정을 받으면 새로운 아이디어나 다른 생각에 대하여 귀를 기울일 마음이 생긴다. 적어도 그럴 가능성이 높다. 그래서 강의를 할 때나 상담을 할 때 이런 인간의 심리를 배려하게 되는 경우가 많다.

청중이 알고 있는 것을 70%정도 말한다. 즉 청중이 알고 있을 것으로 추정되는 부분을 미리 말하는 것이다. 그러면 청중은 '맞아, 맞아.'하고 고개를 끄덕인다. '내가 알고 있는 것을 콕 집어서 말해주니 안심이 되네.'라고 생각한다. 그런 다음 새로운 생각이나 아이디어 혹은 강사의 생각을 30% 덧붙여 말하면 '과연 그렇구나. 역시 새로운 것이 좋구나.'하면서 만족을 느끼게 된다.

내 인생 내 뜻대로 살아가는 노하우

1. 자신의 생각이나 의견을 말할 때는 먼저 상대방의 의견이나 생각 중에서 동의하는 부분을 먼저 말한다.

2. 이 방법은 친밀도를 높이는 결과를 가져온다.

3. 그 다음 자신의 의견이나 생각을 말하면 상대방은 마음을 열고 귀를 기울인다.

Part 3
내 뜻대로 사는 사람들의 심리적 특징

> 내 인생을 당당히 내 뜻대로 살기 위해서 먼저 내 인생을 내 뜻대로 사는 사람들은 어떤 심리적인 특징을 가지고 있는지 알아보자.

부탁을 예의바르게 거절한다

내 뜻대로 사는 사람들의 심리적 특징으로서 첫 번째로 꼽을 수 있는 것은 남의 부탁을 거절할 줄 안다는 점이다. 남이 부탁을 하면 마음에도 없으면서 거절하지 못하고 들어주고, 들어준 다음 후회하는 그런 어리석은 짓은 하지 않는다.

사실 남의 부탁을 거절한다는 것이 말처럼 쉽지 않다. 우리는 모두 주위 사람들로부터 "참 좋은 사람이다."라는 말을 듣고 싶어 한다. 남에게 좋은 사람이 되고 싶은 것이 공통적인 심리이다. 그래서 누구로부터 부탁을 받으면 거절을 하지 못한다. 자신이 감당할 수 없다는 것을 알면서도 거절하지 못하고 돌아서서 후회를 한다. 이런 사람들은 누구로부터 무슨 부탁을 받으면 천 가지를 더 생각한다. '내가 거절하면 다음부터 아는 척도 하지 않겠지', '분명 주위 사람들에게 나는 무정한 사람이라고 말하고 다니겠지.', '나를 믿으니까 부탁을 했는데, 안 들어주면 믿을 사람이 못 된다고 생각하겠지.' 하며 상상하고 고민한다.

그렇다고 들어주자니 들어주면 내가 손해인데 이럴 수도 없고, 저릴 수도 없고……. 그때부터 그의 고민은 시작된다.

자기 인생을 자기 뜻대로 살지 못하는 사람들의 공통점은 이렇게 남의 부탁을 서설하지 못한다는 점이다. 이들은 거의가 생각을 많이 하는 사람들이고, 고민도 많이 하는 부류의 사람들이다. 특히 이런 현상은 직장에서 많이 일어난다.

본능과 느낌대로 산다

자기 인생을 자기 뜻대로 살지 못하는 사람들의 심리는 이렇게 자신을 생각하기보다 남을 먼저 생각한다. 나의 인생을 생각하지 않고 남의 마음을 먼저 생각한다. 내 심리가 아닌 남의 심리를 먼저 고려한다. 그리하여 자신들의 뜻대로 살지 못하고 남에게 휘둘려 산다.

그런데 자기 인생을 자기 뜻대로 사는 사람들은 그렇지 않다. 그들은 본능에 충실하다. 우리가 누구로부터 부탁을 받게 되는 경우 특별히 느낌이 좋지 않을 때가 있다. 물론 금전적으로 액수가 크거나 자신으로서는 감당할 수 없을 때 그런 감정을 느낄 수 있다. 하지만 그런 것이 아닌데도 그런 마음이 들 때가 있다. 그냥 느낌이 좋지 않을 때가 있다.

이것은 우리의 본능이 알리는 신호이다. 우리의 감각이 상대를 인지하고 상황을 파악한 다음 보내는 신호이다. 이들은 무엇인가 찝찝하다고 느낄 때는 거절한다. 이럴 때는 일단 거절하고 좀더 신중하게 생각한 다음 결정한다. 그래서 후회하는 일은 절대로 안 한다.

상대가 믿을 만하더라도 상황이 좋지 않으면 거절한다. 돈을 빌리거나 부탁을 할 때의 상황과 나중에 갚으려고 할 때의 상황이 달라지는 경우가 많기 때문이다. 처음에는 꼭 갚겠다고 마음속으로 다짐했으나 여건이 도저히 허락하지 않는 경우가 수없이 많이 생긴다. 시간이 없고, 돈이 없고, 상황이 나빠지면 인간은 변하기 마련이다. 따라서 마음에 이상한 조짐을 느낄 때는 우선 거절부터 하는 것이 좋다.

이들은 현명하게 거절한다. 우선 부탁을 들어주려고 노력하는 척한다. 단칼에 거부하면 누구나 기분이 상하기 마련이고 굴욕감을 느낄 수 있기 때문이다. 따라서 누가 부탁을 하면 열심히 들어준다.

그 다음에는 이야기를 듣고서 머뭇거리지 않고 "우선 형편이 가능한지 알아보고 연락해 줄께."라는 식으로 말한다. 그리고 시간을 끌면서 상대가 기분이 상하지 않게 거절한다.

상대가 집요하게 굳이 이유를 물으면 그 이유를 간단하게 설명해주되, 못 알아차리면 정직한 이유를 대지 말고 적절한 핑계를 댄다. 그리고 직접 대고 말하기가 거북하면 문자나 메일을 이용한다.

내 인생을 내 뜻대로 사는 사람들이 중요하게 생각하는 것은 내가 부탁을 들어줌으로써 나 자신에게 부정적인 영향을 주느냐이다. 내가 부탁을 들어줌으로써 만에 하나라도 손해를 볼 것 같고 그 손해를 감당할 수 없으면 그 부탁을 거절한다. 아무리 상대의 기분을 좋게 하고 싶더라도 내 마음이 편치 않을 것 같으면 거절한다.

내 인생 내 뜻대로 살아가는 노하우

1. 나 자신이 남의 부탁을 받으면 거절하는 심리인지 아니면, 거절하지 못하는 심리인지를 파악한다.

    누군가로부터 부탁을 받고 거절하지 못하는 심리라는 것을 인지했다면 지금부터 누가 부탁을 하면 곧바로 신중해질 필요가 있다. 우선 좀 알아보고 다시 얘기하겠다고 말하라.

2. 거절할 핑계를 찾는다.

    내 인생 내 뜻대로 살기 위해서는 누군가가 부탁을 할 때, 자신의 형편을 말하면 상대가 이해해 줄 것이라고 생각하여 구구절절 말하지 말라. 상대의 이해는 구할 필요가 없다.

3. 부탁을 들어주지 않았다고 해서 미안해하지 않는다.

    상대의 어려운 형편을 들어줬고, 부탁을 들어줄 수 있는지 들어주는 노력을 했다. 남의 부탁을 말 한마디로 거절하는 냉정한 사람도 많은 세상을 살고 있음을 명심한다.

남의 눈치 따위는 보지 않는다

　내 인생 내 뜻대로 사는 사람들의 두 번째 특징은 남의 눈치 따위는 보지 않는다는 점이다. 자신의 소신대로 행동한다.

　인간은 태어나서부터 일생 동안 많은 사람들과 함께 살아가게 된다. 어려서는 부모, 점차 자라면서는 친구, 선생님, 직장 동료, 선배 등 다양한 사람들과 더불어 산다. 따라서 주위 사람들의 눈치를 어느 정도 전혀 신경 쓰지 않고 살 수는 없.

　게다가 '눈치를 보는 것'에는 좋은 점도 있다. 즉 남을 배려한다는 뜻이 있다. 또 "눈치 안 보고 내 뜻대로 산다."는 말 속에는 독불장군이라는 비난의 뜻이 들어 있기도 하다. 따라서 눈치를 보는 것이 때에 따라서는 필요할 때도 있다.

그러나 '나는 왜 남의 눈치만 볼까?'라고 고민하는 사람은 항상 자신보다는 남을 먼저 배려하는 마음을 갖는 것이 문제라는 점이다. 남의 눈치를 본다는 것은 상대의 마음을 읽으려고 노력하는 것이고, 그런 노력은 결국 자신을 위해서 무엇을 하려는 것이 아니라 남을, 눈치를 본 상대의 마음을 위해서 노력하겠다는 자세가 들어 있는 것이다. 바로 이것이 문제라는 말이다.

그런데 내 인생 내 뜻대로 사는 사람들은 이런 눈치를 보지 않는다. 남을 의식해서 자신이 해야 할 일을 하지 못하는 어리석은 행동은 하지 않는다. 따라서 남에게 의지하거나 기대하지도 않는다. 무엇이나 스스로 해결하려고 노력한다.

그들은 주위 사람들이 너무 의식될 때는 그냥 눈을 감아버린다. 자신의 의견이 전혀 반영되지 않은, 일반적인 기대에 부응하기 위해서 자신을 소진시키지 않는다. 왜냐하면 그런 행동은 스스로에 대한 학대와 같기 때문이다.

그들이 생각하는 만큼 세상은 그들에게 관심을 두지 않는다고 그들은 생각한다. 그리고 자신들의 실수가 남에게 피해를 주지 않는 한 세상은 그들에게 신경을 쓰지 않는다고 생각한다.

경계심의 다른 의미, 눈치 보기

"눈치를 본다."는 것은 어쩌면 다른 의미로 경계심을 표하는 것이다. 내가 믿을 수 있는 사람, 나에게 믿음을 주는 사람들의 눈치는 잘 보지 않게 된다. 그러므로 눈치를 본다는 것은 곧 경계심을 나타내는 것이라고 말할 수 있다.

그런데 믿을 수 있을 정도로 마음을 주고받기까지는 상당한 시간이 걸린다. 그러기까지는 어쩔 수없이 눈치를 보게 된다. 내 인생을 내 뜻대로 사는 사람들도 제일 처음 만난 낯선 사람들의 눈치를 보게 되고, 눈치를 보게 될 일이 생긴다.

이들은 눈치를 보게 되어서 괴로움을 느낄 때는 가급적 사람을 많이 안 만난다. 이들에게는 머릿속에 처리할 수 있는 사람들의 수가 한정적이다. 사람들을 무조건 많이 만난다고 해서 좋은 일이 아니기 때문이다.

사회생활을 하면서 어쩔 수 없이 눈치를 보게 되는 경우가 있다. 상대와 내가 상하 관계가 될 때, 즉 상대가 나에게 많은 영향을 미칠 때는 어쩔 수 없이 눈치를 보게 된다. 이 경우 하(下)의 위치에 놓여 있는 사람은 상(上)의 눈치를 보게 되지만, 상의 위치에 있는 사람은 하의 위치에 있는 사람의 눈치를 보지 않게 되는 것이 당연하다. 이 경우 하의 위치에 있는 사람은 경제적으로나, 심리적으로 상의 위치에 있는 사람에게 의지를 많이 하기 때문에 눈치를 보게 된다. 하지만 내 인생 내 뜻대로 사는 사람들은 이런 경우에도 높은 위치에 있는 사람에게 경제적으로 의지하는 정도를 가능한 줄인다.

예를 들어서 당신이 다니는 회사를 '이 회사에서 잘리면 안 되는데……'라는 생각을 하면서 다닌다면 당신은 상사의 눈치를 보면서 생활하게 된다. 그러나 이 회사에서 잘리더라도 다른 어느 회사에라도 취직할 수 있는 실력을 키웠거나 그 동안 알뜰하게 저축을 하여 당장 직장을 그만두어도 몇 달은 생활하는 데 걱정이 없도록 해놓았거나 또는 어떤 상황이 닥치더라도 살 수 있는 자신감을 키웠다면 눈치를 보지 않고 근무할 수 있다.

눈치를 보지 않는, 내 인생 내 뜻대로 살기 위해서 당신은 스스로 '능력 있으며, 자신 있는 사람이다.'라는 심리상태를 유지할 수 있어야 한다. 그러면 당신은 여러 방면에서 능력 있고 자신 있는 사람이 되려고 노력하게 된다.

내 인생 내 뜻대로 살아가는 노하우

1. 남의 마음을 알려고 하지 않는다.

    남의 눈치를 본다는 것은 상대의 마음을 알려고 하는 것이다. 상대가 어떻게 생각하고 있는지 알고 싶다면 대놓고 물어본다. 그렇지 않으면 문자나 이메일을 보내라. 그것이 떳떳하다.

2. 오늘날에는 오지랖이 너무 넓은 것이 좋은 것만은 아니다.

    인간관계가 넓으면 넓을수록 신경을 쓰고 눈치를 보게 되는 사람이 많아진다. 따라서 어쩔 수 없는 사정이 아니라면 오지랖을 너무 넓혀서 많은 사람과 만나려고 하지 않는다.

3. 감정적으로 낮은 위치에 처해서 생활하지 않는다.

    연애를 해도 '너' 아니면 안 되고, 직장에 다녀도 '이 직장' 아니면 안 된다는 절박감에 생활하지 않는다. 항상 여유를 가지고 자신감과 능력을 키운다.

자신감이 넘쳐
쉽게 위축되지 않는다

　내 인생 내 뜻대로 사는 사람들의 또 하나의 특징은 자존감이 강하다는 점이다. '나는 이 세상에서 누구보다도 귀한 존재임'을 믿는다.

　자존감은 자신감으로 구성되어 있다. 자존감의 중요한 요소가 자신감이다. 나는 무엇이나 잘 하는 것이 있고, 쓰임새가 있다고 믿는 그 자신감이 자존감을 만들고 있다.

　심리학자들에 의하면, 성공에 대한 열망이 강할수록 패배에 대한 두려움도 비례해서 상승한다고 한다. 그런데 어떤 사람들은 성공에 대한 열망이 큰데도 반대로 패배에 대한 두려움이 더 작다고 한다. 야구선수 베이브 루스나 클레이튼 커쇼 같은 사람이다. 이들은 심리적으로 자신감이 강하다.

반면에 그렇지 않은 사람은 성공에 대한 열망이 강해질수록, 패배에 대한 두려움도 그만큼 더 커진다. 그리하여 마침내 패배에 대한 두려움이 승리에 대한 열망을 뒤덮어 결국 패배하고 만다. 예를 들어서 연습 때는 잘 하다가도 막상 실제 경기에서는 망치는 경우와 2군에서는 잘 하는데, 1군에 올라와서는 못하는 경우가 그런 경우이다.

내 인생을 내 뜻대로 사는 사람들의 자신감은 타고난 성격, 자라온 배경, 현재에 놓인 상황, 그리고 미래에 대한 비전 등이 상호 작용하여 형성되었다. 그들은 자신감을 키우기 위해 다음과 같은 방법을 지킨다.

첫째, 감정적으로 비비고 기댈 언덕을 가진다.

사람은 일생동안 누군가로부터 칭찬을 받으면서 성장한다. 어려서는 부모로부터, 조금 커서는 선생님으로부터, 그리고 다

성장해서는 친구나 애인 그리고 상사로부터 칭찬을 받으면서 자란다. 특별한 직종에 있는 사람들, 예를 들어서 연예인, 정치인은 대중으로부터 인정을 받으면 환호하고 기뻐한다.

다 성장한 다음에 자신감을 갖기 위해, 인생을 내 뜻대로 사는 사람들은 크고 작은 일을 했을 때 스스로 자부심을 느낀다. 자기 자신을 칭찬하는 것이다. 그러나 자신을 칭찬할 수 없다면 칭찬해줄 수 있는 사람을 구한다. 그 사람이 애인이든지 친구이든지 상사이든지 상관없다. 자신감을 갖기 위해서는 자신을 칭찬해줄 수 있는 사람을 구한다.

둘째, 인생이라는 무대에 올랐을 때 관객을 의식하지 않는다.

연습 때나 혼자서는 잘 하다가도 본 무대에 올라가면 실수를 하거나 실패하는 사람들이 있다. 이런 사람들은 무대 위에서나 군중들 앞에서 '내가 실패하면 저 많은 사람들이 나를 어떻게 볼까?'하는 생각을 하다가 하는 일에 집중하지 못한다. 또 이런 사람은 쇼맨십이 강하다. 그래서 남들 보기에 그럴싸하게 잘 보이려고 한다. 따라서 진정성이 보이지 않는다.

그러나 내 인생 내 뜻대로 사는 사람들은 남들을 관객에 불과하다고 생각한다. 그들은 이 관객들로부터 자유로워지기 때문에 자신감이 생기는 것이다.

셋째, 자신이 선택한 것에 대해서는 책임질 줄 안다.

자신감이 부족한 사람들은 무언가를 결정할 때 혼자서 결단을 내리지 못하고 주위 사람들에게 물어보고 주위 사람들의 결정에 따른다. 이때의 선택은 자신이 원치 않은 선택을 하기도 하고, 해서는 안 될 선택을 한다. 그리하여 떠나야 할 때 떠나지 못하고, 거절해야 할 때 거절히지 못한다. 그러나 내 인생을 내 뜻대로 사는 사람들은 자신이 결정하고, 결단을 내리며 그 결정한 일에 대하여 책임을 진다. 그들은 남의 의견을 참고할 뿐이지 심사숙고의 대상으로 삼지 않는다. 왜냐하면 남들의 충고나 권유는 충고해주는 사람의 의사나 취향이 기준이 되기 때문이다. 따라서 상대에게 진정으로 도움이 될 만한 이야기를 하는 사람은 없다고 그들은 생각한다. 단순한 조언을 분간하지 못하고 조언하는 사람의 의사에 따른다면 그것은 자기 인생을 사는 것이 아니다. 남의 의사에 따라 결정하고 행동할 때는 결코 자신감이 생기지 않는다. 따라서 스스로 선택하고, 그 결과에 대해서 책임을 진다.

　마지막으로 일상생활에서 하찮은 일이라도 직접 부딪쳐서 성공하여 자신감을 갖는다. 그렇게 하여 자신감을 조금씩 쌓아간다.

　일상에서 아무리 하잘것없는 일이라도 성공하면 자신감의 씨앗이 싹튼다. "빗방울이 계속 떨어지면 바위도 뚫는다."는 말이 있듯이, 일상에서 작은 자신감을 쌓으면 나중에는 어떤 큰일도 할 수 있다는 자신감이 생긴다.

　내 인생을 내 뜻대로 사는 사람들도 살다보면 절망에 빠져, '나는 아무것도 할 수 없구나.' 하고 탄식이 저절로 나올 때가 있다. 그럴 때마다 그들은 지금 그들이 하고 있는 직장생활, 일에 자신감의 씨앗을 뿌린다.

　그들은 자신이 잘못하지 않았는데도 상사로부터 야단을 맞으면 절망하거나 화를 품는 것이 아니라 자신보다 직위가 낮은 사람들의 작은 일이라도 도와주고 고맙다는 인사말을 들으며, 또 집에 와서 계획했던 독서라도 하면서 위안과 자신감을 갖는다.

내 인생 내 뜻대로 살아가는 노하우

1. 칭찬을 잘해주는 친구나 애인을 만든다.

유별나게 남을 칭찬하기를 좋아하는 사람들이 있다. 아부하는 타입이 아니더라도 오지랖이 넓어서 남의 일에 잘 나서거나 좋은 일에 칭찬을 잘 해주는 사람들이 있다. 그런 사람을 친구로 사귄다. 자신감이 필요할 때마다 그런 친구로부터 칭찬을 늘으면 괜히 기분이 좋아지고 자신감이 생긴다.

2. 무슨 일이나 혼자서 선택하는 습관을 들인다.

무슨 일이 생길 때마다, 또 무슨 일을 할 때마다 남에게 조언을 구하거나 묻게 되면 습관이 된다. 습관이 되면 자기 혼자서 하면 실패할까봐 불안을 느끼게 된다. 따라서 설령 실패를 하더라도 자신이 혼자 결정하고 해보도록 한다. 쉽고도 좋은 방법은 혼자서 쇼핑을 해보는 것이다.

3. 일단 부딪쳐 본다.

어떤 일이라도 주위 동료나 상사에게 조언을 구하거나 묻지 말고 일단 직접 부딪쳐 본다. 설령 실패한다고 한들 이 일로 직장을 그만 두겠느냐 하는 배짱을 가지고 도전해본다. 그래서 성공하게 되면 작은 성취가 쌓여서 큰일도 할 수 있는 자신감이 생긴다.

욕망을 잘 절제한다

우리 주위에는 무언가를 꼭 가지고 싶다거나 반드시 하고 싶다는 욕망으로 가득 찬 사람들이 많다. 이들은 이런 욕망을 억제하지 못하여 기회가 닿거나 가능성이 조금만 비치면 그 욕망을 채우고 만다. 그리고 나중에는 후회를 한다. 자신의 욕망을 절제하지 못한 것을 한탄한다. 그 좋은 예가 '카드 결제'이다.

이런 사람들은 그 욕망 때문에 결국 자신이 피해를 본다는 것을 알면서도 욕망을 멈추지 못한다. 갚을 생각은 하지 않고 카드를 긁는다든지, 술이나 도박, 게임을 중단하지 못하고, 심지어 바람피우는 사람들도 모두 이런 부류의 사람들이다. 그런데 이들은 하나같이 하는 말이 있다. "나는 끊으려고 마음만 먹으면 언제든지 중단할 수 있다."고. 하지만 그렇게 1년, 3년, 10년이 가도 그 욕망을 절제하지 못한다.

반면에 내 인생을 내 뜻대로 사는 사람들, 자기 주관대로 사는 사람들도 이런 욕망은 가지고 있다. 다만 그들은 자신들의 욕망을 잘 조절하고 있을 뿐이다.

그러면 그들은 어떻게 욕망을 절제할까?

욕망을 절제하는 방법

첫째로, 그들은 자신에게 그런 욕망이 있음을 인정한다.

즉 자신이 그런 욕망을 소유하고 있기 때문에 문제가 있음을 인정한다. 보통 사람들은 그럴 용기가 없어서 가급적 숨기려고 한다. 반면에 내 인생을 내 뜻대로 사는 사람들은 두려움 없이 공개한다. 공개함으로써 그것을 숨기려고 하는 과정에서 생기는 스트레스를 완전히 날려버리게 되고, 욕망을 절제하기가 훨씬 수월해진다. 답답한 심정을 털어놓는 것만으로도 마음의 짐을 덜게 된다. 자신에게 그런 욕망이 있음을 솔직히 고백하는 용기를 통해서 욕망을 절제하는 것이다.

둘째로, 나를 믿고 격려해줄 사람을 찾아서 그와 상의한다.

욕망을 절제하는 방법으로 문제를 말했을 때 진심으로 나를 위로해줄 사람을 찾는 일이다. 나의 문제를 들었을 때 진정으로 격려해줄 수 있는 사람을 찾는다. 자신의 문제를 털어놓았을 때 진심어린 위로와 따뜻한 격려를 받으면 욕망을 절제하는 데에 많은 용기를 얻게 된다.

내 인생을 내 뜻대로 사는 사람들은 자신의 문제를 아무한테나 털어놓지 않는다. 주변에 진직으로 나를 믿고 지지해줄 사람을 찾는다.

이때 이들은 가급적 가족들이나 너무 가까운 친구들은 선택하지 않는다. 왜냐하면 선의의 말을 해줘도 잔소리로 듣게 되고, 간섭으로 느끼게 되기 때문이다.

셋째로, 늘 절제하며 생활한다.

강렬한 욕망 자체를 영원히 끊기란 정말 너무 힘든 일이다. 왜냐하면 인간에게는 이런 욕망이 항상 내재하고 있기 때문이다. 따라서 하루, 일주일, 1개월 또는 1년을 끊었다고 하더라도 또다시 원래대로 돌아가는 경우가 많다. 아무리 굳은 결심을 했더라도 단 한 번에 나쁜 습관이 사라지지는 않는다. 하지만 욕망을 끊는 일을 열 번 실패했더라도 그 실패 속에 성공 확률이 남아 있다는 것을 기억한다. 그렇게 많이 실패를 했는데도 포기하지 않았다는 것은 이번에는 성공할 수 있다는 것을 의미하는지도 모른다. 따라서 결코 포기하지 않는다.

내 인생 내 뜻대로 살아가는 노하우

1. 욕망을 절제한다.

   내 인생 내 뜻대로 살아가기 위해서는 욕망을 절제할 수 있어야 한다. 욕망을 절제하지 못하면 자기 자신은 물론 가정과 사회에 큰 피해를 줄 수 있기 때문이다. 욕망을 절제하지 못한다는 것은 곧 내 뜻대로 살지 못하고 욕망에 휘눌린다는 것을 의미한다.

2. 문제점을 인식하고 상의한다.

   절제하지 못할 정도로 욕망이 클 때는 그런 자신의 문제점을 용기 있게 인정한다. 그리고 자신을 믿어주고 자신의 말을 들어줄 수 있는 사람을 찾아가 상의한다.

3. 욕망을 절제하는 데에 실패를 했더라도 포기하지 않고 다시 시도한다. 실패 속에는 성공의 가능성이 있기 때문이다.

열등감으로 고민하지 않는다

 키가 작아서, 외모가 딸려서, 어려서 가난하게 자라서 등등 이렇게 남과 비교해서 자신이 부족하다고 느끼고 괴로워하는 것을 열등감 또는 콤플렉스라고 한다.

 열등감이 없는 사람은 없다. 문제는 정도(定度)의 차이다. 열등감이 질적으로 더 강하거나 양적으로 더 많은 사람이 문제다. 즉 열등감 때문에 생긴 고민이 머리 속을 가득 채운 사람이 문제다.

 콤플렉스는 오스트리아의 정신분석학자 알프레드 아들러에 의해서 최초로 알려졌다.

 사람이 콤플렉스에 빠지면 불쾌한 감정을 갖게 된다. 그리고 평소에는 아무런 활동을 하지 않다가 어떤 특정한 상황과 맞닿는 순간 순식간에 우리 마음을 사로잡는다. 특별히 나쁜 일도 없이 그럭저럭 잘 지내다가 말 한 마디로 콤플렉스를 건드리면 며칠씩 괴로워한다. 그 한 마디는 외모에 관한 것일 수도 있고, 부모에 관한 것일 수도 있으며, 살아가는 상황에 대한 것일 수도 있다.

그런데 콤플렉스에 걸린 사람은 자신이 열등하다고 생각되는 것을 없애기 위해서 안간힘을 다한다. 학력이 콤플렉스이면 가짜 학위라도 따고, 외모가 콤플렉스라고 생각하면 수많은 돈을 들여서라도 외모를 뜯어 고친다. 그리고 어려서 가난하게 자란 것이 콤플렉스인 사람은 수단과 방법을 가리지 않고 돈을 벌어서 그 콤플렉스를 이겨보려고 한다.

성공한 사람들 중에는 자신의 콤플렉스가 성공의 요인이라고 말하는 사람들도 있다. 하지만 심리학자들은 그 말에 동의하지 않는다. 그렇게 말한 사람이 만약 콤플렉스가 없었다면 더 크게 성공했을 것이라고 심리학자들은 입을 모은다. 일리가 있는 말이다. 그들이 그 콤플렉스를 극복하기 위하여 바친 시간과 노력을 다른 것에 투자했다면 더 크게 성공했을지도 모른다.

콤플렉스를 잊어버린다.

콤플렉스를 의식하고 행동할수록 콤플렉스의 나에 대한 지배력은 점점 더 커진다. 그래서 내 인생 내 뜻대로 사는 사람들은 콤플렉스를 해결하기 위하여 특별한 마음의 자세를 취하지 않는다. 즉 그들은 눈에 보이는 약점에 집착하지 않는다.

그들은 콤플렉스를 극복하기 위하여 그들 자신과 싸우는 어리석은 일은 하지 않는다. 현재를 중요시한다. 콤플렉스를 극복하려고 안간힘을 쓰는 대신 현재를 행복하게 느끼고 받아들인다. 다시 말해 콤플렉스를 잊기 위한 노력 자체를 현존하는 현실에 더 기울인다. 그렇게 기쁘게, 행복하게 현재를 살다가 보면 자신도 모르게 콤플렉스를 잊어버린다.

그들은 콤플렉스를 완전히 잊어버릴 정도로 즐거운 일이나 취미를 찾는다. 그리고 "저 사람은 콤플렉스라는 것은 모르는 사람이야."라고 긍정적으로 말하는 사람들을 만나서 즐겁게 대화를 나눈다. 어차피 인생은 단 한 번뿐이다. 인생은 참 짧다. 내가 좋아하는 것을 즐기고, 잘하는 것을 하면서 즐겁게 인생을 보내기에도 너무 짧은 시간이다.

내 인생 내 뜻대로 살아가는 노하우

1. 현재 하는 일에 집중한다.

    특별한 상황에서 콤플렉스가 떠올라 괴로움을 느낀다면 그 상황을 피하려고 하지 말고 오히려 그 현실을 즐기려고 노력한다.

2. 상상 속에 빈 공간을 만들어 놓고 콤플렉스가 떠오르면 그 공간에 집어넣는다.

    콤플렉스가 떠올라 괴로움을 겪으면 상상 속의 공간, 옛날의 기억 속에 안 좋았던 공간을 만들어서 그 속에 콤플렉스를 집어넣는다.

3. 자신이 잘 하는 일, 좋아하는 일을 찾아서 열중한다.

    콤플렉스를 잊어버리는 가장 좋은 방법은 자신이 가장 좋아하고 잘 하는 일을 찾아서 그 일에 몰두하여 주위로부터 칭찬과 자랑을 듣는 것이다.

사소한 일에는 대범하다

우리들은 평소 생활하면서 많은 고민도 하고 걱정도 하면서 산다. 그런데 여기서 문제가 되는 사람은 "우리가 하는 고민이나 걱정의 90%가 실제로는 존재하지 않는다."는 말을 듣고도 남은 10%의 불길한 생각이 현실로 이루어질까 봐 고민하는 사람이다.

'이런 일이 나에게 일어나면 어떻게 하지?'라는 물음이 꼬리를 물며 실제로는 일어나지도 않을 부정적인 생각들로 가득 찬 사람들은 "왜 나는 이런 쓸데없는 고민을 하지.", "머리통을 쪼개 그 속에 들어 있는 것을 전부 비우고 싶어."라고 푸념을 하며 몹시 괴로워한다.

지나간 일에 대해서 곱씹는 사람들도 마찬가지다. 이들은 그 때 '왜 내가 그렇게 하지 못했을까?'라고 되새기면서 고민하며, 이미 오래 전에 지난 일을 몇 번이고 되새김질 한다. 그리하여 생각이 꼬리에 꼬리를 물고 이어가다가 생각과 고민이 길어지면 결국 '왜 나는 이 모양이지? 이제 와서 어쩔 수 없는데 말이야.'라고 자기비하에 빠진다.

머릿속이 잡다한 생각들로 꽉 들어 차 있는 사람들, 고민으로 밤을 새우는 사람들은 한 마디로 겁쟁이라고 할 수 있다. 이런 사람들은 정작 누군가에 대해서 하고 싶은 말이 있어도 상대가 무서워서, 혹은 두 사람의 관계가 급속도로 냉랭해질까 봐 두려워 말을 못하고 가슴앓이를 한다.

누구나 한 번쯤은 겪는 경험이다.

겁이 많은 사람이 아니더라도 누구나 한 번쯤은 이와 비슷한 경험을 해본 적이 있을 것이다. 심지어 평소에 대범하다는 평을 듣는 사람도 그럴 수 있다. 왜냐하면 그들 역시 자신이 나약하다는 것은 인정하지 못하기 때문이다. 인간은 원래 약한 존재이다.

살다 보면 겁이 날 때가 있다. 그런데 내가 겁이 나고 두렵다는 것을 숨기다 보면 자꾸 마음이 괴로워지고 머리 속이 혼란스럽다. 이것은 곧 다른 사람에 대한 태도에서도 드러나 그런 나를 다른 사람이 불쾌하게 느낄 정도에 이르게 된다. 문제는 사람들이 그런 기색을 눈치 채면 계속해서 안 좋은 쪽으로 생각한다는 점이다.

내 인생 내 뜻대로 사는 사람들도 두려움을 느낀다. 그러나 그들은 두려워하는 것을 부끄러워하지 않는다.

두려움에도 긍정적인 면이 있다. 두려움은 인간을 겸손하게 만든다. 또한 공격성을 자제하게 해서 문제를 해결하도록 유도한다. 반면에 용기는 사람을 들뜨게 하고 공격성을 야기하여 파국으로 이끄는 경우가 많다. 겁이 많다는 것, 무언가를 두려워한다는 것은 결코 부끄러운 것이 아니다.

내 인생 내 뜻대로 살아가는 노하우

1. 용기 있는 사람으로 불리는 사람을 부러워하지 않는다.

2. 스스로 만든 두려움에 갇혀 질식할 정도라면 조금만 용기를 내자. 이 때의 용기는 스스로를 괴로움에서 구해내는, 약(藥)과 같은 존재이다.

3. 적당히 겁이 많아야 한다. 그 겁을 어떤 분야에 발휘하느냐에 따라 성공할 수도 있고, 고민의 노예가 될 수도 있다.

Part 4
내 뜻대로 사는 사람들의 인간관계 심리술

공연히 오해하지 않는다

어느 직장에서 일어난 일이다. 팀장은 실수를 저지른 여직원에게 "신입사원도 아닌데, 입사한 지도 4년이나 되었는데 그런 실수를 하면 곤란하지."라고 주의를 주었다. 여직원은 그 자리에서 "네, 앞으로 주의하겠습니다."라고 대답했다. 그리고 점심시간 티타임에 동료들에게 말했다.

"스미스 팀장은 나를 싫어해. 그러니 저 정도 가지고 여러 동료 앞에서 질책하지."

그러자 옆에 있던 동료가 말했다.

"그게 아니야. 나도 얼마 전에 야단맞았어. 실수를 해서 혼난 것뿐이야."

그러나 그 여직원은 며칠이 지나도록 "팀장은 나를 미워해."라는 말을 반복하면서 혼자서 고민하고 팀장에 대한 원망을 하다가 1주일 만에 사표를 내고 말았다.

팀장에게 그 여직원은 하나의 팀원일 뿐 좋고 싫고의 감정이 없다. 실수를 저지른 여직원에게 그 실수에 대해서 질책을 했을 뿐이다. 이런 경우 가장 곤란한 사람은 바로 팀장이다. 앞으로 팀원을 이끌어나가기 위해서 야단을 쳐야 할 때도 있을 것이다. 그런데 야단을 칠 때마다 '자신을 미워해서 그렇다'고 팀원들이 생각하면 야단은커녕 훈계조차도 힘들게 된다.

내 뜻대로 살지 못하는 사람들은 이렇게 남에게 어떻게 평가되어지는가를 의식하는 자의식이 강하다. 그래서 모든 행동을 이런 자의식으로 판단한다. 혼자만의 입장이나 자신만의 기분으로만 생각한다. 상대방의 위치나 상황을 생각하지 않는다.

하지만 내 인생 내 뜻대로 사는 사람들은 상대방의 입장이나 기분을 생각한다. 그리하여 멋대로 오해하지 않는다. 혼자만의 착각일 때도 정도를 지킨다.

내 인생 내 뜻대로 살아가는 노하우

1. 예의를 갖춘다.

    직장, 이웃, 친척과의 관계에 서툰 사람이 있다. 좋고 싫고 관계없이 예의를 갖추고 교제한다.

2. 오해의 근원을 없앤다.

    자신이 사랑받고 있는지, 미움받고 있는지를 생각하지 않는다. 그것이 오해의 근원이 될 수 있기 때문이다.

3. 질책에도 예의를 갖춘다.

    아랫사람을 야단칠 때도 예의를 갖춘다.

미움받으면 어때?

"다른 사람이 나를 싫어하거나 평가하는 것은 용서할 수 없나."
"모두 나에게 상냥하게 대해주지 않으면 왠지 기분이 나빠."

누구에게나 사랑받고 싶어하는 사람들이 자주 하는 말이다. 이런 말을 자주 하고 사랑받고 싶어하는 사람일수록 오히려 다른 사람을 평가하거나 대충 인사하는 등 사랑받기 힘든 행동을 한다.

사랑받고 싶다는 생각이 강하면 강할수록 다른 사람으로부터 미움받을 짓을 많이 한다. 심리적으로 볼 때 그 이유는 욕구 수준이 높기 때문이다. 누구에게나 사랑받고 싶어하는 마음이 강한 만큼 주변 사람들이 나를 어떻게 대하는지, 어떻게 생각하고 있는지에 대해서 신경을 많이 쓴다. 그 결과 다른 사람들의 눈으로 볼 때 이해하기 힘들거나 불쾌하게 생각할 행동을 많이 하게 되고 또 눈에 뜨인다. 또 지나치게 자존심이 강하기 때문에 다른 사람을 자주 평가하게 된다.

하지만 내 인생을 내 뜻대로 사는 사람들은 욕구 수준이 높지 않다. 따라서 주위에 대해서 신경도 별로 쓰지 않는다. 그런데 작고 사소한 일에 대해서도 욕구 수준이 높은 사람들, 즉 내 인생을 내 뜻대로 살지 못하는 사람들은 매우 불쾌하게 여기고 짜증을 낸다.

길을 가다가 친한 사람을 만났다. 반가워서 인사를 했는데도 상대방이 모르는 체하고 그냥 지나가 버린다. 그러면 왠지 기분이 나쁘다. 이런 경우를 누구나 한두 번쯤은 경험했을 것이다.

이런 경우, 일반적으로는 '날 보지 못하다니. 무슨 딴 생각을 하고 있었나?' 그런 정도로 생각한다. 그리고 상대방의 그런 태도는 잊어버리고 다음 날부터 똑같은 태도로 그 사람을 대한다.

그러나 그렇지 못한 사람도 있다. 상대방이 자신을 외면하고 가는 순간 자신이 미움받고 있다고 생각하고 지난날 그 사람과의 좋지 않았던 일을 기억하고 고민한다.

사람은 모르는 사람에게도 인사를 하고 싶은 날이 있고, 아무 하고도 아는 체하기 싫은 날도 있다. 누구나 감정의 기복이 있다. 따라서 내 인생을 내 뜻대로 사는 사람들은 상대방의 순간적인 태도를 가지고 '무시당했다.', '미움 받았다.'라는 식으로 제멋대로 판단하고 고민하지 않는다.

다른 사람의 좋지 않은 면들만 보이는 사람이 있다면, 그 사람은 자신의 욕구 수준이 너무 높은 것은 아닌지 자기 자신을 돌아보아야 한다.

내 인생을 내 뜻대로 사는 사람들은 '미움받으면 어때?'라고 마음을 다잡는다. 그 정도로 마음을 강하게 먹으며, 또 마음의 여유가 있는 매력적인 사람이기 때문에 주위사람들로부터 사랑을 받는다.

내 인생 내 뜻대로 살아가는 노하우

1. 사람을 좋고 싫음으로 나누지 않는다.

    사람의 기분은 상황에 따라 변할 수 있으므로 사람을 좋고 싫음으로 나누어서는 안 된다.

2. '나를 싫어한다.', '미움 받고 있다.'는 생각은 망상에 불과하다.

3. 항상 욕구의 수준을 낮추고 사람을 대하면 마음이 편안하다.

속으로 정리한 후 말한다

어느 날 필자의 사무실로 30대 여성이 찾아와서 상담을 구했다. 그녀의 이름은 브라운으로, 그녀의 상담 요지는 이랬다. 오래 전부터 사귀고 있는 친구가 있는데 그 친구가 밤낮을 가리지 않고 자신에게 전화를 걸어오는 것에 스트레스를 받아 그 해결책을 알려달라는 것이었다.

그녀의 친구가 전화로 하는 말은 중요하지도 않을 뿐더러 일상에서 일어나는, 아주 시시한 일에 대해서 말한다고 한다. 전화를 걸은 뒤 첫 마디는 항상 "미안!"이라는 인사를 하고 "상의할 일이 있어서……."라는 말로 시작해서 결국에는 직장이나 가정에서 일어나는 아주 사소한 이야기로 끝을 맺는다고 한다.

그런데 문제는 서로 이야기하듯이 말하는 것이 아니라 그날 일어났던 일을 일방적으로 쏟아내듯이 말한다는 것이다.

"상사가 그런 말을 하잖니?"

"애가 멋대로 장난감을 샀어. 어쩌지?"

브라운 양의 친구처럼 화난 일을 누군가에게 쏟아내는 것은 상의가 아니라 상대에게 스트레스를 주는 행위이다.

그녀의 친구는 "네가 옳아.", "네가 화내는 것도 당연해."라는 말을 듣고 싶기 때문에 전화를 하는 것이다. 이런 행동은 자신의 스트레스를 푸는 좋지 않은 스트레스 발산법이다. 자신의 스트레스를 풀 수 있을지는 몰라도 전화를 받는 사람에게는 큰 폐해를 주는 것으로, 상대방을 자신의 스트레스를 받아주는 희생양으로 만드는 행위이다.

내 인생을 내 뜻대로 사는 사람들은, 어떤 문제로 화가 나서 자기 생각을 말하고 싶어도 그것을 일단 자신의 머릿속에 담아둔다. 금세 누군가에게 말하는 습관을 길들이지 않았다.

누군가를 형편없는 사람, 비겁한 사람이라고 생각하여 다른 사람에게 말을 했을 때, 상대방은 동조해줄지 모른다. 그러나 당신이 경험한 것처럼 '그 사람은 형편없는 사람'이라는 현실감을 가질 수도 없고, 가질 리도 없다. 상대방의 뇌리에 남는 것은 오직 "당신이 누군가에게 화를 냈다."는 사실뿐이다. 그리고 조금 지나면 당신이 누군가에 대해서 나쁘게 말했다는 인상만이 강하게 남을 것이다.

화가 난다고 해서 금세 다른 사람에게 이야기하는 행동은 오해를 만들고 뜻하지 않게 인간관계를 복잡하게 만드는 요인이 된다. 이를 피하고 내 인생을 내 뜻대로 살기 위해 나음의 사항을 명심한다.

내 인생 내 뜻대로 살아가는 노하우

1. 화를 가라앉히기 위해 화가 나는 원인을 종이에 적는다.

   아무리 옳다고 해도 혀는 재앙의 근원이 되는 일이 많다. 말로 하기 전에 글로 적어본다.

2. 하고 싶은 말은 상대방에게 직접 한다.

3. 대화는 화가 가라앉고 냉정해진 뒤에 한다.

   냉정하게 생각해 보면, 자신이 너무 일방적인 입장에서 말했다는 사실을 깨닫고 후회하는 경우가 많다.

배려하는 마음은
굳이 전하지 않는다

　인간관계에 있어서 배려는 참으로 중요하다. 배려가 인간관계를 따뜻하게 해준다.

　그런데 배려는 상부상조와는 다르다. 친구가 병으로 누워 가족의 생활을 걱정할 때 친구를 대신해서 친구의 가족을 찾아가 생활비를 대주는 것은 상부상조이다. 그런 상부상조도 배려에서 비롯되었다고 할 수는 있지만, 그 자체가 배려는 아니다. 배려라는 것은 일상생활 속에서 방심하면 놓칠 수 있는 작은 그런 것이다.

　전화를 하거나 방문을 할 때 상대가 바쁠 시간을 피해서 하는 것과 같은, 그것이 바로 배려이다. 상대는 자신이 바쁜 시간을 피해서 전화를 하거나 방문을 했다는 사실을 모른다. 그럼에도 불구하고 자신이 상대의 바쁜 시간을 고려해서 전화를 걸거나 방문을 했다고 말하지 않는 것이 예의다. 따라서 배려는 서로 말하는 것이 아니라 한쪽에서 일방적으로 생각하는 센스를 말한다.

"바쁠 때 전화가 오거나 방문을 하면 짜증이 난다."라는 것은 모두가 공통으로 느끼는 점이기 때문에, 상대방이 바쁜지 바쁘지 않은지를 감안하는 것이 진정한 배려이다.

내 인생을 내 뜻대로 사는 사람들은 상대방의 상태를 예상해서 살짝 센스를 발휘하는 배려를 당연하게 할 수 있는 사람들이다. 따라서 내 인생을 내 뜻대로 살면서 다른 사람들에게 미움받을 일이 없다.

이들이 일부러 배려한다는 사실을 알리지 않는 것은, 배려한다는 사실을 알리면 상대는 "뭐야? 은혜를 베풀겠다는 거야?"하고 반발심을 가질 수도 있기 때문이다.

말하지 않아도 모르는 사이에 전해지는 것이 배려이다. 말하지 않아도 느끼는 관계가 성립될 때 배려가 이루어진다.

그런데 우리는 배려를 하려고 하다가 실수할 때가 있다.

'이런 걸 해주면 기뻐하겠지.' 하는 생각에 너무 의욕이 앞서서 상대방의 상황이나 그 자리의 분위기를 제대로 파악하지 못했을 경우이다.

내 인생 내 뜻대로 사는 사람들은 그런 실수를 하지 않기 위해서 다음과 같은 두 가지 점을 고려하여 실수를 줄인다.

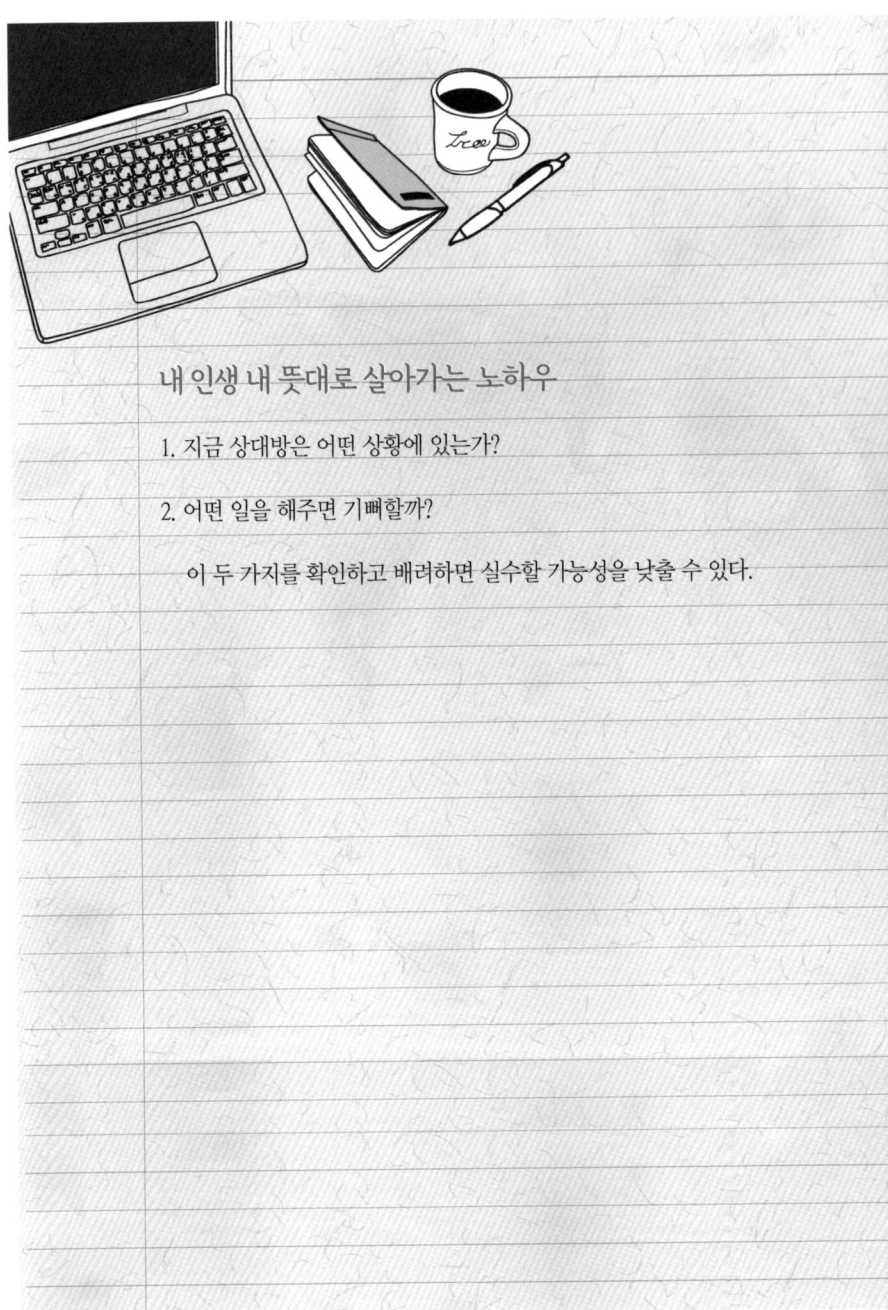

내 인생 내 뜻대로 살아가는 노하우

1. 지금 상대방은 어떤 상황에 있는가?

2. 어떤 일을 해주면 기뻐할까?

　이 두 가지를 확인하고 배려하면 실수할 가능성을 낮출 수 있다.

무의미한 만남의
'습관병'에서 벗어나다

우리는 특별한 일이 없음에도 불구하고 매일같이 서로 전화로 연락하고 자주 만나는 사람들이 있다. 그들과 만나서 상대방이 권하거나 때로는 자신이 쏘면서 점심을 같이 한다. 또 일이 끝나면 술집에 가곤 한다. 별다른 재미를 느끼지 못하면서도 말이다.

주위에서 보면 이런 관계를 아주 돈독한 관계라고 부러워할지도 모른다. 안정된 관계라고는 할 수 있다. 그러나 바로 이런 관계와 만남을 무의미한 만남이라고 할 수 있다. 이런 만남은 의식적으로 행해지지 않고 있다. 오히려 무의식적으로, 습관적으로 행해지고 있다는 데에 문제가 있다. 그리하여 습관이 되어 버렸다. 즉 만남의 습관병에 걸린 것이다.

이런 관계는 따지고 보면 아무런 자극도 없는 관계, 타성에 젖은 관계라고 할 수 있으며, 이런 관계가 매년 지속되었으므로 이제 권태기를 느끼는 사람도 있을 것이다.

여기서 안정된 관계라고 부르는 만남의 모습이 어떤 것인지 좀더 구체적으로 찾아보자.

- 회사에서 항상 같이 있으면서 점심도 같이 먹고 휴일도 함께 보낸다.
- 일이 끝나면 습관적으로 가던 술집에 모여서 한 잔 하면서 상사나 회사에 대하여 불평불만을 한다.
- 아이를 유치원에 데려다 주거나 유치원 차에 태워준 후에 엄마들끼리 주위의 카페에서 만나 자주 수다를 떤다.

이런 만남은 사이좋은 관계로 비추지만 조금 지나면서 권태기를 느끼게 될 것이다. 그러나 이런 관계는 좀처럼 무너지지 않는다. 습관이 되어 버렸기 때문이다. 습관을 바꾸려면 고통이 뒤따른다.

안정된 인간관계란 따지고 보면 이렇게 '바뀌어야 하는데……' 하면서도 바꿀 수 없는 곤란한 습관병일지도 모른다.

내 인생을 내 뜻대로 사는 사람들은 이런 '습관병'을 고치려고 마음먹었을 때는 가차 없이 뜯어고친다. 그들은 이 '습관병'을 고칠 때 마치 동창회를 탈퇴하듯이 한다.

동창회는 1년에 한 번 또는 3년에 한 번씩으로 평소 습관과는 거리가 먼, 이벤트 성이 강한 모임이다. 거기에는 과거에 함께 공부하면서 놀았던 추억이 있다.

내 인생을 내 뜻대로 사는 사람들은 이런 동창회 모임에 참여했다가 슬그머니 빠져나간다. "집에 급한 볼일이 있어서", "강의를 들으러 가야 하기 때문에"라는 등의 핑계를 대고 슬그머니 빠져나간다.

그들은 무의미한 만남의 습관병도 이런 식으로 벗어난다. 항상 함께 있어서 좋은 것은 아니며, 때로는 더 의미 있는 만남이 되기 위해서 자극이 필요할 때가 있다. 항상 함께 있는 것이 습관화되면 좋은 것도, 싫은 것도 없어져서 그저 무의미한 만남이 되고 만다.

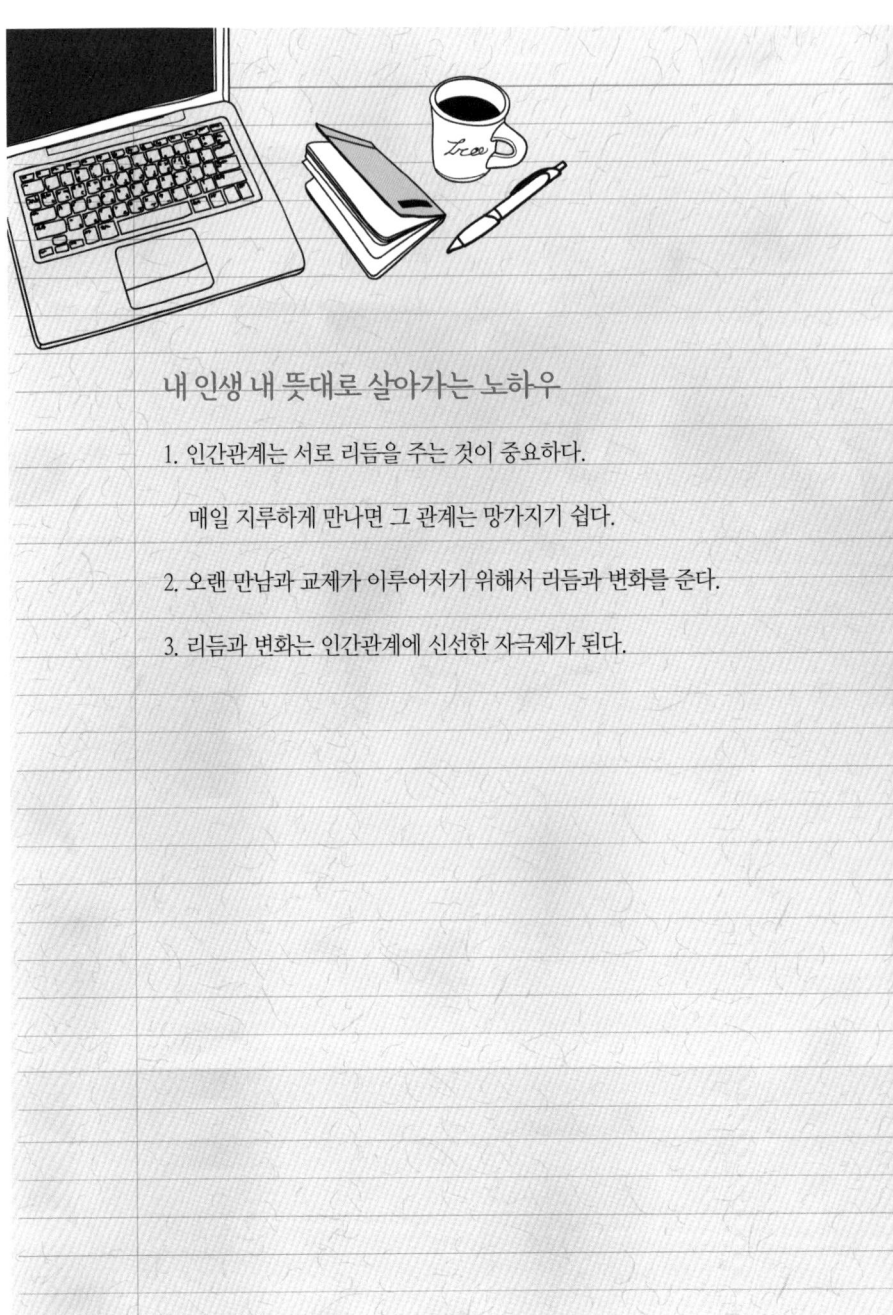

내 인생 내 뜻대로 살아가는 노하우

1. 인간관계는 서로 리듬을 주는 것이 중요하다.

   매일 지루하게 만나면 그 관계는 망가지기 쉽다.

2. 오랜 만남과 교제가 이루어지기 위해서 리듬과 변화를 준다.

3. 리듬과 변화는 인간관계에 신선한 자극제가 된다.

상대의 오해에
불안해하지 않는다

당신은 상대방에게 자신의 호의가 받아들여지지 않았을 때, 특히 상대가 오해를 하거나 자신의 말하고자 하는 뜻이 제대로 통하지 않았을 때 고민한 경험이 있을 것이다.

'어째서 내 마음을 알아주지 않는 걸까?'

'혹시 저 사람은 나를 싫어하는 것은 아닐까?'

'내 성격에 문제가 있는 것은 아닐까?'

이런 식으로 불안해하는 것은 비단 당신뿐만은 아니다.

게다가 아무리 생각해도 그 원인을 알 수 없게 되면 누구든지 더욱 불안해한다. 그리고 그 원인을 모르는 체 자신을 책망하거나 상대방을 안 좋게 생각한다. 그러는 사이에 마주 대하기도 어색해지고 어느 순간에 서로 멀어진다. 누구나 이런 좋지 않은 관계를 한두 번쯤 경험했을 것이다.

그러나 이런 경우가 당신이나 상대방에게 문제가 있어서 일어나는 것은 아니다. 또 그 사람과는 속된 표현으로 인연이 없기 때문에 일어난 일이라고 생각하지 않는다. 자신의 마음이 상대방에게 잘 전달되지 않는 것, 즉 호의가 예상과는 전혀 다른 결과를 가져온 것은 오로지 '전달 방식'에 문제가 있기 때문이다.

같은 내용을 전하더라도 전하는 말이나 타이밍과 순서, 그리고 그때그때의 표정과 몸짓에 따라 실제로 받아들이게 되는 뜻은 달라지기 마련이다. 작은 차이로 좋은 사람 또는 느낌이 좋지 않은 사람이라는 인상을 준다. 따라서 내 인생을 내 뜻대로 사는 사람들은 대인관계의 기술을 익힌다. 아무리 호의를 갖고 있어도 그것을 상대방에게 전달하는 기술을 몸에 익히지 않으면 허사가 되기 때문이다. 결국 상대방으로부터 오해를 받고 쓸데없는 고민을 계속할 수도 있다.

내 인생 내 뜻대로 살아가는 노하우

1. 인간관계에서 중요한 것은 마음이라는 사실을 인정한다. 그러나 그 마음을 제대로 전하는 데에는 기술이 필요하다는 것도 인정한다.

2. 대화를 할 때 하는 말과 표정, 억양에 따라 달라지는 작은 뉘앙스를 캐치하는 기술을 익힌다.

상식에 얽매이지 않는다

 어느 사무실에서 일어난 일이다. 팀장은 어떤 서류를 찾고 있었다. 그는 혼자서 "그 서류 어디에 있지? 내가 어디에 둔 것 같은데 생각이 안 나네."하고 중얼거리고 있었다. 그 때 팀장 옆에서 이를 듣고 있던 엘리스 양이 찾고 있는 서류를 찾아서 팀장에게 주었다. 그러자 팀장은 함박웃음을 지으면서 "생큐!"하고 고맙다는 인사를 했다. 그리고는 속으로 '엘리스 양, 참으로 영리하네.'하고 감탄했다. 옆에서 그 광경을 보고 있던 스미스 군도 그 서류가 어디 있었는지를 알고 있었다. 그럼에도 불구하고 서류를 찾아서 팀장에게 갖다 주지 않고 속으로 '자신이 찾으면 되지.'라고 생각하며 서류를 찾아 팀장에게 주는 수고를 하지 않았다. 그리고는 상사에게 아양 떠는 엘리스를 못마땅하게 생각했다. 이런 식으로 불평하는 사람은 인간관계의 묘미를 모르는 사람이다.

서류를 받고 기뻐하는 상사의 입장에서는 사무실 직원 모두가 바쁘게 움직이고 있다는 것을 알고 있다. 또한 서류를 자기 스스로 찾아야 한다는 것도 알고 있다. 그럼에도 불구하고 엘리스 양이 자기를 위해서 서류를 찾아준 행동이 뜻밖이라 더욱 기뻤던 것이다. 엘리스 양은 팀장으로부터 칭찬을 받기 위해서 서류를 찾아준 것은 결코 아니다. 상사가 서류를 찾는 것을 알고 옆에 놓여 있던 서류를 팀장에게 가져다 준 것뿐이다.

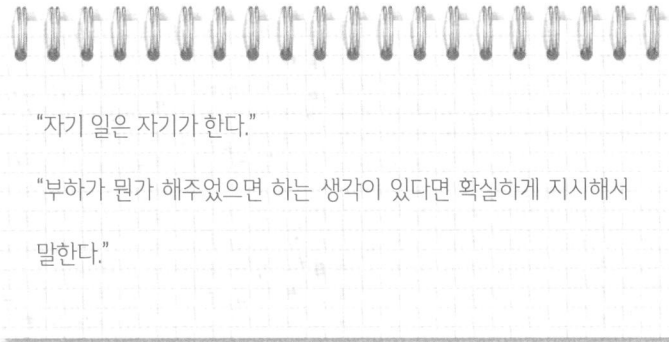

"자기 일은 자기가 한다."
"부하가 뭔가 해주었으면 하는 생각이 있다면 확실하게 지시해서 말한다."

이것은 지극히 당연하고 상식적인 일이다. 그러나 상식적인 일이라고 해서 스미스 군처럼 알아차리고도 못 들은 척하고 옆에서 지켜만 보고 있다면 그 사람은 분명히 비뚤어진 사람으로 비추어질 것이다. 또한 주위에서 그를 영리한 사람으로 생각하지 않을 것이다.

내 인생을 내 뜻대로 사는 사람들, 즉 영리한 사람들은 뭔가를 알아차렸을 때 그것이 상식인지 아닌지를 따지지 않고 자신의 뜻대로 행동한다.

반면에 그렇지 않은 보통 사람들은 뭔가를 알아차려도 '그 일은 내가 하지 않아도 상관없어.' 하면서 꾸물댄다. 상식에 따라 움직인 것이다.

내 인생 내 뜻대로 살아가는 노하우

1. 자신이 해야 될 일이라고 생각되면 그 일이 상식에 속하지 않는 일이라도 서슴없이 한다.

2. 상식 따위를 가리지 않고 신속하게 일을 처리한다. 그리하여 주위로부터 영리한 사람으로 칭찬받는다.

3. 내가 알아차렸으니까 행동한다는, 단순한 이유만으로 다른 이유 없이 충분하다.

상대방의 페이스에
어느 정도 맞추도록 노력한다

내 인생을 내 뜻대로 살면서 가장 주의해야 할 것은 상대방의 페이스에 전혀 맞추지 않는 것이다. 상대방의 페이스에 맞춰 시간을 보내는 일은 참으로 조심해서 해야 한다.

시골에서 태어나서 자란 어느 한 부부가 도시로 이사를 오게 되었다. 이웃사람들에게 제대로 인사를 하고, 나름대로 도시 생활에 적응하려고 노력했다.

그런데 이웃사람 중에는 생각지도 못한 대응을 하는 사람이 있었다. 매일같이 젊은 부부의 집에 찾아와서 차를 마시면서 세상 돌아가는 이야기를 하거나, 일요일 아침 일찍부터 얻어온 것을 나눈다면서 반찬을 가지고 오는 등, 젊은 부부에게는 상식 밖이라고 생각할 만한 행동을 하는 것이었다.

이웃사람들도 악의가 있었던 것은 아니다. 오히려 그런 행동이 이 지역에서는 상식이고, 막 이사 온 젊은 부부가 빨리 이 지역에 익숙해지길 바라는 마음의 표현일 지도 모른다. 어떻게든 도움이 되려고 하는 고마운 행동이긴 하지만 오히려 폐가 되는 것이 오랫동안 인적 없는 한적한 시골에서 산 사람의 사고방식이다.

인간관계에서는 이와 같은 상식의 충동이 종종 일어난다. 도시와 시골의 차이뿐만 아니라, 어떤 관계에 있어서도 적잖이 충돌이 일어난다.

여기서 주의해야 할 것은 상대방의 행동이 비상식적이라고 따지면 안 된다는 것이다. 상대방은 자신이 상식적이라고 믿고 있기 때문에, 그것을 따지면 "당신이야말로 비상식적이다.", "오는 말이 고와야 가는 말도 곱다."라는 식의 불쾌한 말로 대꾸하게 된다.

이때는 우선 상대방의 비상식적인 행동을 즐기는 마음으로, 상대방에게 맞춰보는 게 좋다. 그 사이에 비상식적이라고 생각했던 상대방의 행동도 상식적이라고 생각하게 될 지도 모르기 때문이다. 이런 것은 감각적인 차이이므로, 시간을 들여 천천히 융화해갈 수밖에 없는 것이다.

사람은 친해지는 과정에 있어서 다양한 일로 충돌하는 법이다. 그런 경우, 단번에 상대방을 이해하려고 하지 말고 조금씩, 시간을 들여 서로 이해하려는 생각이 중요하다.

바람직한 인간관계를 만들기 위해서는 꾸며서 하는 언행이나 친절을 멀리하고 과장된 행동이 아닌 지극히 자연스럽게, 자신과 상대방의 기분을 생각하여 행동하는 마음이 필요하다.

금세 친해지는 것을 좋은 일로 생각하는 사람도 많겠지만, 그런 관계일수록 금세 사이가 나빠질 위험성을 품고 있다.

내 인생 내 뜻대로 살아가는 노하우

1. 착실하게 조금씩 서로 이해해온 관계일수록 관계가 갑자기 틀어지거나 하는 일이 적고, 오랫동안 이어져 가는 관계라고 할 수 있다. 서로 조금씩 이해해가는 과정이 진정한 교제이다.

2. 상대방이 비상식적인 행동을 할 때에도 자신과 상대방의 기분을 생각하는 자연스러운 행동을 하는 것이 좋다.

Part 5
심리적으로 특이한 유형의 사람들을 다루는 기술

> 내 인생 내 뜻대로 살기 위해서는 다양한 유형의 사람을 미리 알고 대처하는 것이 중요하다.

허세를 부리는 사람

우리 주위에는 자기 자랑을 늘어놓지 않으면 직성이 풀리지 않는 사람이 있다. 특히 이런 사람은 누가 자랑 비슷한 말만 해도 자기 자랑에 열을 올린다. 누가 다른 사람을 칭찬하면 금방 얼굴색이 변하면서 자신이 더 능력이 있다는 것을 알리려고 안달을 한다.

허세를 부리는 사람은 자존심이 강한 사람이라고 할 수 있다. 혼자만 똑똑하고, 자기 말만 계속 늘어놓아 다른 사람이 말하는 것에 귀를 기울이지 않으려 한다.

또 이런 타입은 자신의 능력을 과대평가한다. 그러나 자신감이 넘쳐 있는 모습과는 달리 일을 맡기면 실력이 따라주지 못하여 해놓은 일이 수준에 훨씬 못 미칠 때가 있다.

  그래서 이런 사람일수록 변명을 밥 먹듯이 한다. 그럴 때 누군가 "일을 똑바로 해."라고 주의를 주기만 해도 "너나 잘 하세요."라며 화를 내고 토라지면서 하던 일을 내던져버린다.

  이런 사람은 심리학적으로 보면 '인정 욕구'가 강한 사람이라고 할 수 있다. 인정 욕구가 강한 사람은 어릴 때 부모로부터 소외당하여 사랑을 받지 못하고 자란 사람이 많다. 부모가 바빠서 자식에게 관심을 보이지 않았거나, 또 형제들과 비교해 관심과 애정을 덜 받고 자란 사람이 대체로 이런 허세를 부린다. 꾸준히 노력하면 사람들의 관심과 지원을 받을 수 있지만, 인정 욕구는 강한 반면 그만큼 인정받으려면 자신의 능력에 비해 힘이 많이 들기 때문에 허세를 부려 쉽게 다른 사람의 주목을 받으려는 것이다.

내 인생 내 뜻대로 살아가는 노하우

1. 자기자랑을 늘어놓는 사람은 열등감이 강하다.

    자기자랑을 쉴 틈 없이 늘어놓는 사람은 대부분 열등감이 강한 사람이다. 자존심이 강하므로 주위에 자신의 단점이나 약점이 드러나면 자랑으로 자존심을 지키려고 한다.

2. 자기자랑은 열등감의 표현이다.

    이런 사람에게 한 번 쯤은 주위에서 불쾌하게 느끼고 있음을 말할 필요가 있다.

3. 이런 타입에게 전에 그가 얘기했던 것과 똑같은 방법으로 자랑해 본다.

    눈치가 있는 사람이라면 그것을 듣고 자기 자신을 되돌아볼 것이다. 그래도 모르고 자기자랑을 계속하면 그 자리를 뜨는 것이 낫다.

남에게 기대려고 하는
타입의 사람

자립심이 강한 사람은 자신이 사랑을 받는 것만큼 주는 것도 중요하다고 생각한다. 자신에게 바치는 헌신이나 일방적인 사랑을 기대하며 누구나 자기만을 사랑하고 인정해주어야 한다고 생각하지 않는다.

그러나 수동적이고 남에게 의존적인 사람은 자신의 운명을 다른 사람, 환경, 운세 탓으로 돌린다. 그런 사람은 다른 사람이 자신의 생각과 행동, 평가, 사랑 등에 대하여 배려하고 책임져야 할 의무가 있다고 생각한다. 또 상대방에게 비합리적인 요구를 하고도, 그것이 충족되지 않으면 야속하다고 생각하여 그를 비난한다. 그러나 인생은 그러한 것이 아니다.

그런데 왜 이런 타입은 남에게 의존만 하고, 도움 받는 것을 당연하게 생각하는 것일까? 이런 사람은 자립심이 없고 의존심이 강하여 다른 사람에게 요구하고 부탁하는 것으로 인간관계를 유지해 나가려고 한다. 그래서 도움을 줄 수 있는 사람에게 도움을 요구하는 것이 당연하다는 논리를 가지고 있다. 이런 타입은 아무리 도와주어도 고마움을 모른다. 이러한 자신감 결여와 강한 불만은 어릴 때 부모와의 관계에서 칭찬받지 못해서 발생한 욕구 불만이 그 원인인 경우가 많다.

내 인생 내 뜻대로 살아가는 노하우

1. 도움을 요청할 때 단호히 거절한다.

　이런 타입으로부터 시달림을 받지 않으려면 도움을 요청할 때 단호히 거절해야 한다. 그러니 말처럼 쉬운 일이 아니다. 마음의 갈등을 겪어야 하고 양심과 도덕을 부정하지 않으면 안 되기 때문이다.

2. 의연한 태도를 취한다.

　의연한 태도를 취하지 않으면 좋은 관계를 유지할 수 없다. 계속 동정해주면 요구가 줄을 이어 오히려 당신과의 좋은 관계가 깨질 수가 있다.

3. 확실한 선을 긋는다.

　이런 사람에게 당신의 시간과 에너지를 빼앗긴다면, 그런 사람을 돕는 것이 당신 삶의 보람이 되어버리는 기묘한 의존 관계가 되어버린다. 이런 사람과는 확실한 선을 그어야 내 뜻대로 살 수 있다.

푸념을 늘어놓는 타입의 사람

　듣는 사람이 별로 관심도 없는 말을 계속 늘어놓는 사람이 있다. 그와 가까운 사람이라면 "야, 별로 재미없다. 화제를 다른 것으로 돌리자."라고 할 정도이다.

　그러나 거리낌없이 말할 정도의 사이가 아니라면 잠자코 들어줄 수밖에 없다. 듣는 사람이 별로 관심이 없는데도 이런 타입의 사람은 눈치를 채지 못하고 또 개의치 않는다. 처음 듣는 이야기라면 그나마 괜찮다. 더욱 짜증나는 것은 몇 번 들은 이야기를 계속 들을 때이다.

　이런 사람의 특징은 상대와 서로 마음을 교류하지 못한다는 것이다. 자기 이야기를 할 때에는 열을 올리고 침을 튀기면서 떠들어대지만 다른 사람의 이야기는 들으려고 하지 않는다.

인생의 어려운 문제를 자기만 겪고 있는 것처럼 우는 소리를 잘 하는 읍소 타입의 사람이 있다. 이런 사람이 주위에 있을 때에는 상당한 인내가 필요하다. 혼자서 고민을 껴안고 해결하려고 한다면 주위 사람에게 피해를 주는 일이 없겠으나 주위 사람들에게 꼭 푸념을 한다는 것이 문제이다. 주위 사람들을 우울하게 만들고 전체 분위기를 어둡게 한다.

심리학적으로 이런 사람에게는 다음과 같은 세 가지 심리가 있다.

첫째는 현상을 해결해 보려는 의욕 때문에 그럴 수도 있다. 좋게 말하면 건설적인 호소라고 할 수 있다. 이런 경우는 그냥 우는 소리가 아니라 현실을 개선해 보려는 작은 몸부림이라고 할 수 있다.

둘째는 불만과 불평을 해소하려는 것이다. 불만과 불평을 다른 사람에게 털어놓음으로써 자신의 욕구 불만을 해소하려는 것이다. 남에게 자기 마음속에 있는 고민을 털어놓기만 해도 마음이 훨씬 가벼워진다. 이럴 때 당신이 그런 사람의 말을 잠자코 들어준다면 당신은 카운슬러 의 역할을 하고 있는 것이다.

마지막으로 절망감과 무력감을 느끼는 상황에서 실패의 원인을 자신이 처한 상황이나 운 탓으로 돌리려고 푸념을 늘어놓는 것이다. 이렇게 심리학에서 성공과 실패의 원인이 어디에 있는가를 추론하는 것을 '원인 귀속'이라고 한다.

내 인생 내 뜻대로 살아가는 노하우

1. 이런 타입은 상대의 반응에 전혀 신경을 쓰지 않는다.

    사람은 누구나 자기 말을 찬찬히 들어주는 사람에게 호의를 느낀다. 그러나 읍소 타입은 상대의 반응에 전혀 신경을 쓰지 않는다.

2. 이야기에 호응이나 반응을 일체 하지 않도록 한다.

    이런 사람은 이야기 도중에 고개를 끄덕이거나 반응을 나타내면 자기 이야기에 더 빠진다. 그러므로 반응을 나타내지 말아야 한다.

3. 듣는 척 하면서 귀로 흘린다.

    그렇다고 이야기 중에 노골적으로 하품을 하거나 거부감을 나타내면 상대의 기분을 거슬리게 되므로 주의하여야 한다. 가장 좋은 방법은 듣는 척 하면서 한쪽 귀로 흘려버리는 것이다.

헛소문을 내는 사람

사람은 남의 이야기를 하는 것을 좋아한다. 삼삼오오 모여서 입방아를 찧고 "그 이야기 들었어요?"하며 수군댄다.

악의 없는 소문은 궁금증을 덜어주는 데 도움이 되지만, 악의 없는 소문이란 없다. 큰 비밀이나 나쁜 소문일수록 사람들의 관심을 더 끈다. "절대 비밀이야. 너한테만 말하는 거야."라고 서로 약속한 이야기가 소리 소문도 없이 빨리 퍼진다. 왜냐하면 사람은 숨기려 할수록 다른 누구에게 털어놓고 싶은 충동을 느끼게 되기 때문에 그 반동 작용으로 "다른 사람한테는 말하지 말라."고 하면서 다른 사람에게 그것을 털어놓게 된다.

"발 없는 말이 천리를 간다."는 말이 있다. 다른 사람의 험담이나 소문은 눈 깜짝할 사이에 진위가 확인되지 않은 채 전해진다. 인터넷이 발달한 요즘 진위가 확인되지 않은 엉터리 소문으로 상처를 받는 사람이 매우 많다. 인터넷을 통해서 퍼진 근거 없는 소문과 악플 때문에 몇몇 사람들은 자살이라는 극단적인 방법까지 택하고 있다.

그러면 왜 사람들은 이러한 소문을 즐기는가?

소문을 즐기는 사람의 심층 심리에는 권력과 권위에 대한 강한 집착이 도사리고 있다. 사회 심리학에서는 사람이 사람에게 영향을 끼치는 힘을 '세력'이라고 하는데, 그런 세력 가운데 정보 세력이라는 것이 있다. 사람은 많은 정보 세력을 가진 사람에게 영향을 받기 쉽다. 다른 사람에 대한 말을 하는 사람은 이런 심리를 이용해 정보를 갖고 있는 체하며 헛소문으로 다른 사람의 관심을 끌려고 하고, 또 라이벌에 대한 나쁜 소문을 퍼뜨려 상대적으로 자기 입지를 세우려고 한다.

내 인생 내 뜻대로 살아가는 노하우

1. 이런 타입은 현실 분석 능력이 부족하다.

   험담가 타입은 주변의 눈치를 보는 자의식이 매우 강하다. 이런 타입은 냉정하게 현실을 분석하는 능력이 부족하므로 상대가 어떤 심리와 의도로 그를 대하고 있는지 제대로 알지 못하고 있다.

2. 이런 타입이 헛소문을 내지 않게 설득하려면 긍정적인 현상을 보여준다.

   헛소문을 내고 무엇이든지 의심하고 억측을 하는 사람에게는 우선 긍정적인 현상을 보여주어 납득시켜야 한다.

3. 헛소문에 깊숙이 관여하지 않는다.

   아무리 자신의 판단이 옳다고 믿는 사람이라도 확실한 증거를 제시하면 주장을 꺾게 된다. 다만 설득에 실패하면 적으로 간주되기 쉽기 때문에 깊숙한 관여는 피하는 것이 좋다.

트집만 잡는 사람

 칼로 베인 상처보다 말로 베인 상처가 더 깊은 법이다. 별다른 이유 없이 사람에게 불쾌감을 주는 말이나 행동을 하는 사람이 있다. 모두 '괜찮다.'고 생각하는 것도 "안 돼."하면서 트집을 잡는다. 이런 타입의 사람은 다른 사람의 신경을 잘 건드린다. 칭찬에도 인색하고 세세한 것까지 끄집어내어 조목조목 헐뜯는다.

 다른 사람의 흠을 들춰내더라도 확실한 대안을 갖고 있으면 참을 만하지만, 반드시 그런 것도 아니다. 아무런 이유 없이 트집만 잡는 것은 상대를 괴롭히는 것밖에 되지 않는다. 이런 사람은 상대가 보이지 않는 곳에서도 욕을 하거나 나쁜 소문을 퍼뜨리는데, 음해를 당해도 근거가 없기 때문에 대응하기 어렵다.

이런 타입의 사람은 빈정거리기를 좋아한다. 그러나 상하 관계에는 엄격하고, 위험한 일은 피하며 안전을 지향하고, 다른 사람에 대한 나쁜 소문을 화제로 삼는다.

상하 관계가 엄격하고, 비판적인 말을 많이 함으로써 얼핏 보아서는 능력이 뛰어난 것처럼 보이지만, 이런 사람의 심리를 잘 들여다보면 강한 열등감으로 가득 차 있음을 알 수 있다.

열등감을 숨기려고 힘을 내세워 약한 자를 괴롭히고, 자기를 추월하려는 사람을 트집잡아 깎아내리려고 한다. 자기 자리를 지키기 위해서 수단과 방법을 가리지 않는 방어 심리가 강하다. 자기보다 능력 있는 사람에게는 열등감과 시기심을 느낀다. 이런 타입의 사람과의 관계에서 내 뜻대로 살기 위해서는 노하우에 적힌 방법을 실행해 보는 것이 좋다.

내 인생 내 뜻대로 살아가는 노하우

1. 언행에 숨겨져 있는 저의를 밝혀낸다.

    이런 타입의 사람은 안 보이는 곳에서 남을 흉보거나 욕을 하므로, 다른 사람이 보는 앞에서 그의 언행에 숨겨져 있는 의도를 확실히 밝혀 다른 사람들에게 알려야 한다.

2. 가만히 듣고 있어서는 안 된다. 그 의미를 추궁한다.

    헐뜯는 소리를 하면 가만히 듣고만 있지 말고 그 의미를 확실히 따져 추궁해야 한다.

3. "그러면 어떻게 하면 될까요?" 하는 식으로 추궁한다.

    상대가 비판하더라도 위축되지 말고 반드시 대안을 제시해 달라고 물어본다.

좋은 평판에만 집착하는 사람

　자신이 만나는 모든 사람에게 좋은 사람이라는 평판을 얻으려는 사람이 있다. 이런 사람은 자기 때문에 다른 사람이 고통받는 것을 참지 못한다. 차라리 자신이 괴로운 편이 낫다고 생각한다. 상대에게 상처를 주고 싶지 않아 단호하게 요구하지 못하고, 상대가 고압적인 자세로 나오면 주눅이 들어 바로 약해진다.

　이런 사람은 가까운 사람에게 어려운 일이 생기면 팔을 걷어붙인다. 동료가 "문서 작성 작업이 많아 큰일인데……." 하고 한숨을 쉬면 "내가 도와줄게." 하고 주저없이 말한다. 긴급한 일이나 곤란한 일이 있을 때 이렇게 도와주겠다고 하면 일을 부탁하는 사람은 내심 안심하게 된다. 그런데 이런 사람은 경솔하게 말하는 경향이 많으므로 제대로 일을 도와주지 못하고 피해를 주는 경우도 있다.

모두들 이런 사람을 좋은 사람이라고 하지만, 이런 타입은 시간관념이 없고, 변명을 많이 하며, 약속을 잘 지키지 않고, 부지런하게 보이지만 실행에 옮기지 못하는 단점이 있다. 이런 사람은 말로만 생색을 낸다.

다른 사람으로부터 미움을 받지 않고 호감을 얻으려는 생각에서 다른 사람의 부탁에 무조건 "예스."라고 한다. 인간은 원래 자기중심적인 데 반하여 이런 사람은 오히려 타인중심적인 면이 더 강하다.

이런 사람은 자기중심적인 면과 타인중심적인 면이 서로 갈등을 일으켜 마음의 안정을 찾지 못한다. 표면적으로는 '예스맨'이지만, 마음속으로는 갈등으로 흔들리고 있다.

내 인생 내 뜻대로 살아가는 노하우

1. 외양과 달리 마음속에는 고독감이 넘친다.

   좋은 평판에만 집착하는 이런 타입은 친절하고 다른 사람의 말을 잘 듣기 때문에 친구가 많은 것 같아 보이지만, 마음속으로는 언제나 고독감에 차 있다.

2. 약속 불이행에 대해서 책망해서는 안 된다.

   부탁을 거절하면 다른 사람으로부터 따돌림을 당할까 두려워한다. 이런 사람에게는 약속을 지키지 않았다고 화를 내서는 안 된다. 화를 내면 그 사람을 아주 우울하게 만든다. 이런 타입은 서서히 맺어지는 인간관계를 원하므로 언제나 세심한 배려가 필요하다.

돌부처 같은 사람

　여기서 돌부처 같은 사람이란 침묵으로 일관하고, 남에게 폐를 끼치지 않지만, 함께 일을 할 때에는 부담이 되는 사람이다.

　이런 종류의 사람은 상대에게 상처를 줄까 봐 바른말을 하지 못한다. 잘못했다고 생각하면서도 냉정하게 지적하지 않음으로써 오히려 회사에 피해를 주게 되는 경우도 발생한다. 벌어진 일을 스스로 책임지려 하지 않고 그 뒤처리를 다른 사람에게 맡기므로 무책임한 면이 있다.

　이러한 돌부처 타입은 어째서 마음의 빗장을 지르고 침묵할까? 이런 사람들의 침묵 뒤에는 커다란 실패 경험이나 강박관

념, 억압, 무기력, 토라짐, 구두쇠 습성이 숨겨져 있다.

심리학자 셀리그만의 '무기력한 개'에 대한 실험은 유명하다. 그는 원기 왕성한 개의 다리에 족쇄를 채우고 몸을 움직이지 못하게 하고는 계속 전기 충격을 주었다. 아무리 도망치려고 발버둥쳐도 도망칠 수 없음을 알게 된 개는 전기 충격에도 더 이상 아무런 반응을 보이지 않았다. 그런 뒤에 족쇄를 풀고 전기충격을 주었다. 충격에서 벗어나려고 도망을 칠 줄 알았는데 개는 충격을 그대로 받아들이고 있었다. 무기력한 개가 되고 만 것이다.

사람도 마찬가지다. 여러 번 노력해도 사업에 실패하고, 친구나 동료에게 배신당하고, 상사로부터 계속 지적을 받아온 사람은 욕구나 감정을 마음속에 담아두고는 무기력해져 버린다.

모든 일이 순조롭게 풀려가던 사람도 좌천이나 퇴직을 당하면 그 충격으로 말수가 적어진다고 한다. 그에게는 에너지가 없는 것이 아니라 순간적으로 침체된 상태가 되어버리는 것이다.

내 인생 내 뜻대로 살아가는 노하우

1. 잠자코 있는 것이 최선인 줄 안다.

   선량한 돌부처 타입은 심성이 착하다고 보기보다는 남에게 말이나 행동으로 실수를 저지르지 않고 잠자코 있으면, 좋은 사람이라는 평판을 들을 것이라는 생각을 하고 있다.

2. 다른 사람의 마음에 상처를 입힐까 봐 두려움을 느끼고 있다.

   콤플렉스를 건드리면 돌부처도 움직인다. 이런 종류의 사람은 인내를 가지고 그에 대한 기대감을 계속 나타내 주어야 자발적으로 행동한다.

3. 과거의 괴로운 경험에 공감을 표시하는 것이 좋다.

   함께 공유하고 있다는 것을 느껴서 더욱 친근감을 표시한다.

다른 사람의 실수를
그냥 못 봐 넘기는 타입

"정신들 바짝 차리라고, 지금이 어떤 때인데 그렇게 숙덕거리고 있는 거야?"

팀장은 회의실에 들어서기가 무섭게 소리부터 지른 후 부하직원이 제출한 기획안을 혹평하기 시작했다.

"자넨 한두 살 먹은 어린애도 아닌데 몇 번씩 얘기를 해야 알아듣나? 자넨 머리가 나쁜 거야 아니면 생각이 없는 거야?"

처음부터 끝까지 질책과 비판으로 일관된 회의를 마치고 나오는 팀원들은 한 마디씩 한다.

"똥이 무서워 피하나 더러워 피하지! 미친개에게 물리면 나만 손해지 뭐."

"벌집 건드려 봐야 벌한테 쏘이기만 할 뿐이야. 안 건드리는 것이 상책이야!"

실수를 못 봐 넘기는 타입은 사적인 감정으로 공적인 일을 질책한다.

생각에 생각을 거듭하고 자료를 충분히 찾고 정리하여 기획안을 제출하였는데도 발표가 끝나기가 무섭게 "그게 아이디어라고 생각해? 이 기획안은 결점 투성이야!"라고 하면서 서슴없이 비판하는 상사가 있다. 이런 타입의 사람은 비평가 타입이라고 할 수 있다.

그러면 왜 이런 타입은 그렇게 비판에 열을 올릴까? 이런 타입에는 세 가지 유형이 있다.

첫 번째 유형은 분석력이 뛰어나 다른 사람의 결점을 정확히 집어내는 사람이다. 자기 결점을 잘 알지 못하는 사람에게 결점을 콕 집어 알려주는 사람이다. 이런 사람을 능력 있는 사람이라고 부른다.

두 번째 유형은 자기의 분석력과 능력을 과시하기 위해 남의 결점을 지적하는 사람이다. 자신을 드러내고 과시함으로써 인정받고 싶어하는 사람이다.

세 번째 유형은 불안감과 절망감을 숨긴 채 자존심을 지키기 위해 다른 사람을 비판하는 사람이다. 자기는 못하는 것을 다른 사람이 하려고 하면 비판하는 것이다. 상대의 결점을 지적하여 자기의 결점을 감추려고 하는 것이라고 할 수 있다. 비판은 순수하게 비판으로 그쳐야만 마찰을 피할 수 있다.

내 인생 내 뜻대로 살아가는 노하우

1. 비평가 타입은 자기의 분석력이 뛰어나다고 착각하여 남에 대한 비판을 서슴없이 한다.

2. 불리할 때는 억지를 부린다. 제대로 비판할 때에는 괜찮지만, 형세가 나빠지거나 불리하면 자기주장을 굽히지 않으려고 억지를 부리거나 말꼬리를 잡고 늘어진다.

3. 문제 자체만을 가지고 비판해야 한다. 상대가 저지른 잘못으로 인한 불확실한 결과의 예측이나 그로 인해 다른 사람들이 받을 피해, 해결 가능성, 과거에도 있었던 비슷한 일까지 가지고 비판하면 상대의 반발만 산다. 자기가 틀린 것이 분명한데도 억지를 부리면서 책임을 인정하지 않는 이런 타입의 사람에게는 그의 비판이 아무런 설득력이 없음을 깨닫게 해주어야 한다. 자신만의 의견임을 알려주어야 한다. 자신의 판단만 주장하기보다는 여러 사람의 의견을 듣고 판단을 내리는 것이 현명하다는 것을 알려주어야 한다.

말버릇이 이상한 사람

"그건 그렇지만……."이라고 말을 흐리는 사람의 심리

이런 말을 하는 사람은 심리적으로 방어벽을 세우겠다는 신호이다.

대화의 속도를 늦추는 말이 있다. 이야기가 척척 진행되어 구체적인 제안과 답변이 오가고 있는데 갑자기 브레이크를 거는 듯한 말이다.

"그건 그렇지만……." 또는 "뭐라고 말해야 좋을지……."와 같은 애매한 말이다.

상대가 이런 말을 입에 담는 것은 자신만의 세계에 틀어박히려 할 때이다. 분명한 반론이나 반대 의견이 있어도 그것을 표출할 수 없는 상황은 얼마든지 있다.

직장 상사가 말할 때 자신이 부하일 경우도 그렇다. 어떤 사업의 발주자를 대하는 수주자의 경우도 그럴 것이다. 결정권이 없는 사람이 결정을 강요당하는 경우도 마찬가지다.

어쨌든 상대의 이야기를 그대로 받아들일 수 없는 경우나, 이 상태로 이야기를 진행하면 곤란할 때 이런 애매한 말이 나온다. 벽은 더욱 견고해질 뿐이다. 반대로 상대가 부하일 경우에도 바로 방어벽을 세우겠다는 신호이다.

이런 경우, 자신의 뜻을 계속 밀고 나가 보았자 상대의 그 벽을 무너뜨릴 수는 없다. 그 자리에서 무리하게 밀어붙여도 결국에는 "안 됩니다, 할 수 없습니다."라는 말이 돌아오기 때문이다.

이럴 때는 무리한 강요나 행동을 하지 않는 것이 좋다. '부하에게 아부하는 상사'가 아니냐고 오해하는 사람도 있겠지만 그렇지 않다.

"하라면 해!"라는 식의 무리한 강요는 하지 않는다는 의미다. 어디까지나 상대가 납득할 만한 절충선을 찾으려고 애쓴다.

일본 닛산 자동차의 사장 겸 CEO, 카를로스 곤 씨는 이렇게 말했다.

"나는 회의적으로 상황을 살피는 사람들을 납득시켜 적극적으로 참여하도록 유도하기 위해 싸워 왔습니다."

그 싸움이란 어떤 것이었을까?

카를로스 곤 씨는 "철저히 의논했다."고 말한다. 상대가 회의적일 때 무작정 설득하려고 한 것이 아니라 대안을 마련하기 위해 서로 대화를 나누었다는 것이다. 그러면 상대는 스스로를 무기력하게 생각하지 않게 된다. 자신의 뜻에 회의적인 부하에 대한 상사의 태도로서 이런 방법은 매우 효과적이라고 할 수 있다.

무리하게 자신의 의견에 따르도록 강요해 보았자 상대는 적극적으로 가담하지 않는다.

"하라니까 하는 거지, 어차피 안 되는 건데 뭐."

그런 기분으로 일한다.

"안 된다는 걸 알면 생각을 바꾸겠지."라며 처음부터 회의적으로 상황을 살피는 입장에 서고 만다.

따라서 상대가 애매한 말을 하기 시작하면 자신만의 생각에 틀어박히기 전에 마음을 열어줄 필요가 있다.

"내가 한 말 중에 뭔가 의문점이 있으면 지적해 주세요."

그런 말로 대화의 진행을 일시 정지시킨다. 경우에 따라서는 뒤로 되돌려도 상관없다.

애매한 말을 하는 것은 이대로 대화를 진행시키고 싶지 않기 때문이다. 그러므로 상대가 납득하지 못하는 부분으로 이야기를 돌릴 필요가 있는 것이다. 그렇게 하면, 상대의 마음도 풀린다.

납득할 수 있는 부분부터 의논을 해 나간다. 이것이 능력 있는 사람이 다른 사람의 적극적인 참여를 유도해 나가는 비결이다.

'즉', '예를 들면'을 연발하는 사람의 심리

주위에 보면 '말하자면'이나 '예를 들면'을 연발하는 사람이 꼭 있다. 젊은 사람보다 오히려 중장년층이 더 많이 쓰는 것 같다.

말버릇이란 묘하게 신경 쓰이는 것인데 본인은 그것을 깨닫지 못한다. 무의식중에 나오기 때문에 스스로 얼마나 빈번

하게 사용하는지 자각하지 못한다.

어떤 말버릇이든 다양한 상황에서 그 말이 자주 나온다는 것은 뭔가 심층 심리가 작용하고 있다는 증거이다. 심리적으로 뭔가에 편중되어 있어 그것이 같은 말의 연속으로 이어지는 것이다.

'말하자면'은 그때까지의 이야기의 내용을 정리하려는 말이다. 자신의 주장을 결론지을 때 '말하자면'이라는 말을 집어넣는다. 그런 의미에서는 논리적인 사람이라고 할 수도 있다. 단, '말하자면'이라고 말한 뒤에 명쾌한 결론을 내는 사람의 경우에 한해 그렇다.

실제로는 '말하자면'이 그냥 단순한 말버릇인 경우가 많기 때문에 좀처럼 이야기가 정리되지 않는다. 본인은 논리적으로 설명하려고 하지만 그것이 생각처럼 되지 않아 몇 번이고 '말하자면'만을 연발하는 것이다.

'예를 들면'이 말버릇인 사람도 마찬가지다.

이것은 이야기의 내용을 알기 쉽게 설명하기 위해 사용하는 말이지만 그것을 연발하는 것은 해설하기 좋아하고 설득하기 좋아하는 경우이다.

실제로 '예를 들면'을 연발하여 상대가 납득할 수 있느냐 하면 그렇지 않다. 쓸데없이 이야기가 길어지고 혼란만 줄 뿐이다. 설득하기 좋아하는 사람의 이런 말버릇은 오히려 설득력을 떨어뜨린다.

'예를 들면'에는 완곡한 희망이 함축되어 있을 때도 있다.

"이런 바쁜 시기에, 예를 들면 제가 휴가를 신청해도 소용없겠죠?"

그렇게 말하는 직원에 대해,

"휴가 가고 싶은가?"

사장이 이렇게 되물으면, 직원은 당황하여 부정한다.

"아뇨, 어디까지나 예를 들면 그렇다는 겁니다."

이런 식으로 부정할 것이다.

'하지만', '그러니까'가 말버릇인 사람의 심리

그리고 보면 '말하자면'이나 '예를 들면'을 연발하는 사람은 자신의 뜻을 직접적으로 말하는 것에 서툰 마음이 약한 성격이라고 할 수 있다. 그 나약한 마음이 설득력 부족을 낳는 것이다.

반대로 자기주장이 너무 강한 사람의 말버릇도 있다. '하지만' 또는 '그러니까'라는 말이다.

상대의 말을 어떻게든 부정하고 자신의 주장을 관철시키려는 것이 '하지만'이다. '하지만'의 다음에 이어지는 말이 반드시 상대의 의견에 대한 반론은 아니다. 같은 의견일 수도 있다. 그럼에도 불구하고 '하지만'이라는 한마디로 자신에게 시선을 집중시키고 싶은 것이, 이 말버릇의 특징이다. '그러니까'는 자신의 주장을 강요하는 말이다.

"그러니까 내가 아까부터 말하지 않았나, 안 된다면 안 되는 거야!"

상사가 부하에게 '그러니까'를 사용할 때는 약간 감정이 섞여 있을 때이다.

따라서 강요만 하려는 '그러니까'와 부정만 하려는 '하지만'이 맞부딪치면 냉정한 대화가 불가능하다. 서로 자신만의 의견을 주장하기 때문이다.

이처럼 특유의 말버릇을 가진 상대는 그만큼 본심을 파악하기 쉽다고 생각하면 된다. '아, 이런 성격이구나.' 하고 생각하면 차분하게 대처할 수 있다.

특별히 신경 쓸 만한 말버릇이 없는 사람은 그만큼 셀프 컨트롤을 잘한다고 할 수 있을 것이다.

"그렇군요."를 연발하는 사람의 심리

온화해 보이지만 사실은 방관자적 태도이다.

'말하자면'이나 '예를 들면'의 비논리성과 '하지만'이나 '그러니까'의 자기주장에 대해 설명했는데 또 하나 주의할 만한 말버릇이 있다.

"그렇군요."는 온화하고 추종적인 말이다. 당신이 윗사람이라면 순종하는 부하를 원하겠지만 조직의 불화는 거기에서 비롯되는 것도 사실이다. 왜냐하면 순종한다는 것은 뒤집어 말하면 무책임하다는 것이기 때문이다.

'명령한 것은 당신이니까 책임을 지는 것도 당신'이라고 생각하여 자신의 일에 대한 책임감이나 실행력, 판단력이 부족하다. 주어진 테두리 안에서 벗어나지만 않으면 된다고 생각한다.

이것은 방관자의 심리이다.

일이라는 것에는 절차가 있기 때문에 그것을 하나씩 처리하면서 보람을 느낄 수 있다. 하지만 방관자에게는 자신이 목표로 하는 도착점이 없다. 성과나 실적이 나왔다고 해도 진정한 의미에서의 달성감이 생기지 않기 때문에 자신이 하는 일에 '감동'을 느끼지 못한다. 이런 '무감동'의 사원이 요즘 늘고 있다. 이것이 조직 불화의 실태이다.

긍정적으로 보이지만 또 하나의 심리로 부정하는 냉담한 심리로 볼 수 있다.

"그렇군요."라는 말은 순종이지만 긍정이라고는 볼 수 없다. 상대의 주장을 인정하는 듯이 보여도 표면적인 수긍에 지나지 않는 경우도 많다.

예를 들어 직장 상사가 자기만의 주장을 내세울 때 이 말을 자주 하는 사람은 속으로는 반론하고 싶지만 겉으로는 그냥 인정해 버리는 척하는 것이다. "그렇군요."라는 말로 납득을 가장하면서 내심으로는 '부장은 저렇게 말하지만 말대로 안 될걸.' 하고 생각한다.

어쨌든 "그렇군요."를 연발하는 사람의 심층 심리는 냉담하다. 순종하는 듯이 보이지만 방관적이며, 긍정적으로 보이지만 부정하고 있다.

능력 있는 사람은 상대의 그런 냉담한 심리를 읽어낸다. 단순한 긍정이라고 받아들이지 않고, 본심에 감춰진 소극적인 기분을 간파한다.

거기에서 먼저 대화의 포인트를 천천히 되돌린다. 틈을 주어 대화가 일방통행이 되지 않도록 배려한다.

상대가 "그렇군요."를 연발하는 것은, 당신의 강요가 원인인 경우도 있다. 순종만을 요구하는 상황에서 "그렇군요."는 자위 수단이 되기 때문이다.

이런 경우 당신은 자신의 말투를 체크할 필요가 있다. 지나치게 단언하는 말투는 아닌지, 무리하게 동의를 구하는 말투는 아닌지, 상대의 의견을 재촉하고 있지는 않은지 등.

내 인생 내 뜻대로 살아가는 노하우

1. 변명의 일종이다.

   이런 이상한 말버릇이 있는 사람들의 공통점은 변명을 많이 한다는 점이다. '변명'이 많은 사람은 일에 자신감이 없는 것이다. 당신이 이런 사람이라면 변명을 하지 않고 내 뜻대로 살기 위해 '준비'와 '노력'을 하고 있는가, 스스로를 되돌아볼 필요가 있다.

2. 상사나 듣는 사람의 입장이라면 이런 사람에게 질문을 많이 하고 대화를 자주하는 것이 좋다.

Part 6
생활에서 활용하는 12가지 심리법칙

인간사회에서 중요한 가치,
일관성의 법칙

　인간 사회에서는 일관성을 중요한 가치로 여긴다. 그래서 자꾸 말을 바꾸는 사람은 변덕쟁이에다 믿지 못할 사람으로 낙인찍히고, 흔들림없이 한 번 정한 대로 밀고 가는 사람은 의지력이 있고, 신뢰할 수 있는 사람으로 인정을 받게 된다. 이러한 일관성에 기반을 둔 사회적 신뢰감이 없다면 사람과 사람 사이의 계약이나 거래도 존재할 수 없고, 중·장기적인 계획 역시 세우는 것이 불가능할 것이다.

　우리는 어떤 결정을 하고 난 뒤에 그것을 실행에 밀어붙이고 나면 그 행동이 옳았다는 확신을 이끌어 내려고 노력하려는 심리가 있다. 계속 고민해봤자 그 다음의 행동과 결정에 걸

림돌만 되기 때문이다. 다음 과제를 위한 에너지를 확보하기 위해서라도 지금의 결정과 판단을 과감하게 내려야 한다. 그래서 인간은 대체로 결정이 잘못되었다 해도 후회하기보다는 뒤늦게라도 그것을 정당화하려는 심리가 있다. 어쩌면 잘못된 것인지도 모르지만, 이미 결정한 것이고, 자신에게 맞춰놓은 프로그램을 수시로 바꾸는 것도 비효율적인 일이기 때문이다.

오랜 고민 끝에 차 한 대를 샀는데, 연비가 너무 좋지 않다. 이 사실을 뒤늦게 알았다면 어떻게 해야 할까? 대부분의 사람들은 그 차의 다른 장점, 이를테면 편안한 승차감이랄지 안전성 따위를 들어가며 손해봤다는 감정을 만회하려고 들 것이다. 이렇게 일관성은 대부분 자동적으로, 자연스럽게 작동되기 때문에 이를 위해 애를 쏠 필요가 없다.

이제는 후회해봤자 소용없는 일

캐나다의 한 심리학자가 이런 조사를 한 일이 있다. 경마에 돈을 건 사람들을 대상으로 그들이 선택한 경주마가 이길 가능성에 대해, 배팅을 하기 전과 배팅을 하고 난 뒤에 한 번씩 물어 봤다.

그들은 돈을 걸기 전보다, 걸고 난 후에 자기가 고른 말이 이길 가능성을 더 낙관적인 태도로 보았다. 이미 결정을 내린 다음이었고, 자신의 선택을 어떻게든 정당화해야 하기 때문이다. 배팅하기 30초 전에까지도 의심과 망설이는 태도가 컸던 그들이, 일단 돈을 걸고 나자마자 돌연 확신이 생기고 자신감이 넘치는 태도를 보인 것이다.

내 인생 내 뜻대로 살아가는 노하우

1. 어떤 결정을 내리는 데 도움이 될 만한 것들을 최대한 알아본다. 물론 시일을 최대한 앞당겨 확실한 결정을 하기 전에 준비를 철저히 하는 것이 중요하다.

2. 상대방이 후회스러운 감정을 덜 느끼도록 결정을 인정하고 지지해 주는 것도 필요하다.

3. '내가 정말 잘한 걸까?', '잘못된 결정을 내린 것은 아닐까?' 하며 전 전긍긍하는 걱정을 덜어내는 것이 포인트다. 몇 단계에 걸쳐 의사 결정 과정을 진행하여 결정을 쉽게 내리도록 유도하고 일관성의 원칙에 따라 다음의 계획을 이끌어낸다.

미소가 가장 좋은 무기인
매력의 법칙

모름지기 외모가 괜찮은 사람은 살기도 편하다. 잘생긴 사람은 특별한 노력 없이도 평범한 사람들의 몇 배나 되는 호감을 얻기 때문이다.

이것은 우리가 소위 능력 중심의 사회에서만 사는 것이 아니라, '이미지가 중요한 사회'에서 살기 때문이다. 그래서 외모가 흉한 사람은 변변한 기회조차 얻지 못하는 경우를 우리 주위에서 자주 보게 되며, 반면에 잘생긴 사람에게는 꼭 뛰어난 능력이 없어도 성공이 알아서 찾아오는 일이 많다.

하지만 외형적인 매력이 좀 떨어지는 사람도 웃는 얼굴 하나만으로도 호감을 줄 수 있다는 연구 결과가 있다. 그러니까 자신이 꽃미남, 꽃미녀 축에 들지 않아도 너무 걱정할 필요는 없다. 너무나도 간단한 해결책이 있으니까.

간단한 해결책이란 특별한 것이 아니라 웃는 것이다. 상대가 비록 당신에게 힐난과 질책을 퍼부을 일이 생겨도 멋지게 미소 한 번 보이고 이야기해 보라. 최소한 더 나빠질 일은 없을 것이다. 아낌없이 웃고 또 웃는 것이다.

당신이 실수로 누구의 발을 밟았다고 치자. 그럴 때 무뚝뚝한 얼굴 대신 최대한 상냥하게 웃으면서 "미안해요."라고 말해 보라. 어쩌면 밟힌 사람은 그 환한 웃음에 미비되어 당신이 한 말조차 못 알아들을지도 모른다. 오히려 당신의 미소 때문에 똑같이 웃으며 이렇게 말할 것이다. "아, 괜찮습니다."

내 인생 내 뜻대로 살아가는 노하우

1. 웃어라. 손해 볼 일은 결코 없다.

    웃음은 모든 문제를 해결하는 데 있어서 가장 중요한 역할을 한다.

2. 자고로 고객은 물론 직장의 상사로부터 호감을 얻은 후에 일이 원만하게 진행된다.

반드시 보답해야 하는
보상의 법칙

인간에게는 공통적인 심리법칙이 있다. 그 세 번째는 다른 사람들로부터 호의를 받거나 억울한 일을 당하면 반드시 갚고야 마는 보상의 법칙이다.

누군가 나에게 호의를 베풀면 나 역시 거기에 보답해야 하는 의무감이 생기게 마련이다. 사실 이런 법칙이 사람들의 마음에 없다면 누구나 받으려고만 할 것이다. 따라서 보상의 법칙은 인간 사회를 유지하는 데에 기둥 같은 것이다. 이런 법칙이 있기 때문에 인간관계에서 서로 호의를 주고받는 상대에게 가슴에 상처를 주는 일을 하지 않게 된다.

심리학자들은 전화번호부에서 무작위로 100명을 뽑아 크리스마스 카드를 보내는 실험을 한 일이 있다. 그런데 심리학자들이 놀란 것은 카드를 받은 사람들 중 85%가 답장을 보내야 한다는 의무감을 느껴 실제로 답장을 보내 왔다는 사실이다. 보낸 사람이 '당신의 토마토'라는 익명으로 되어 있어 보낸 사람이 누구인지도 잘 모르면서 답장을 보내 온 것이다. 그들은 호의를 받고 보답하지 않고 가만히 있는 것은 도리가 아니라고 생각했던 것이다.

또 이런 일도 있다. 백화점 앞에서 걸인으로 위장해서 행인들에게 구걸을 했을 때 그냥 맨손을 내민 것보다 조그마한 꽃 한 송이라도 주면서 구걸을 하자 돈을 더 많이 받았던 것이다. 이 사실 역시 인간에게는 보상의 심리가 작용한다는 것을 말하는 것이다.

내 인생 내 뜻대로 살아가는 노하우

1. 도움을 받고 싶다면 먼저 개인적으로 도움을 주라.

    작은 선물이나 호의를 베풀거나, 평범한 수준 이상의 개인적인 도움을 주어라.

2. 상대에게 도덕적, 심리적 의무감을 갖도록 한다.

    식사나 골프, 공연 등에 초대하거나 유용한 정보를 제공하면 상대방에게 도덕적, 심리적 의무감을 갖도록 할 수 있다. 당신의 인맥을 넓히는 데에 이용하자.

3. 거부감을 갖지 않도록 한다.

    당신의 호의를 경험한 상대방이 그것에 보답해야 한다는 의무감을 거부감이 들지 않도록 한다. 당신의 요청을 꼭 들어주어야 한다거나 큰 금전적인 보상을 요구한다거나 그런 것이 아닌 다른 방식으로 보상을 하고자 노력하도록 유도한다.

장점을 나중에 보여주는
대조의 법칙

 큰 물건이라도 그보다 더 큰 물건 옆에 놔두면 상대적으로 작게 보인다. 또한 원래는 보통 크기의 물건이라도 큰 물건 옆에 둔 물건이 더 작아 보인다. 이런 이유로 보석상들은 항상 제일 크고 비싼 물건을 제일 먼저 보여준 다음, 조금씩 가격이 낮은 물건을 차례로 내놓는다. 그래야 맨 처음 본 것에 비해 나중에 보여준 보석이 저렴하고 실속 있는 것으로 느껴지기 때문이다.

 다른 사람으로부터 결정을 이끌어내고 싶다면, 우선 당신이 보기에도 상대가 거절할 것이 뻔한 다른 제안을 먼저 내밀어라. 상대가 그 '바람잡이용 제안'을 거절하고 나면, 다음엔 당신이 제안하는 진짜 제안을 받아들일 가능성이 훨씬 높다.

더 작아 보이는 불행한 힘

한 심리 실험에서 실험을 받는 그룹에게 좋은 일을 할 기회가 생겼다고 알린 뒤 이런 제안을 했다. "1년 동안 자신의 집에서 장애인을 돌볼 사람은 손을 들어 주십시오."라고 말하자 한 사람도 손을 들지 않았다. "그럼 1주일에 한 번씩 장애인을 데리고 동물원에 데리고 다니는 봉사를 할 사람은 손을 들어 주십시오."라고 하자 이번에는 100% 모두가 손을 들었다.

다른 그룹에게는 처음 질문을 하지 않고 두 번째 제안만 했더니 겨우 30%만 손을 드는 것이었다. 이 실험의 비밀은 무엇일까? 첫 번째 그룹에게는 장애인을 1주일에 한 번쯤 동물원에 데리고 가는 봉사활동은 너무 쉬운 일로 비추어진 것이다. 이미 1년씩이나 장애인을 돌봐야 한다는 부담스러운 제안을 듣고 난 뒤에 그렇게 느껴지게 된 것이다.

내 인생 내 뜻대로 살아가는 노하우

1. 상대방에게 어떤 상품을 팔아야 할 경우라면 다른 상품과 비교하도록 한다.

   상대가 결정을 내리기 쉽게 하려면 다른 상품과 가격 비교를 할 수 있게 하는 것도 좋은 방법이다.

   "현재 고객님 댁에 있는 빌트인 부엌도 예쁘고 말끔하게 됐네요. 당시엔 500불 이상 들었을 겁니다. 이번에 저희 회사에서 부엌 전체를 꾸며 드리는 리노베이션은 모든 서비스를 다 포함해서 견적이 540불밖에 나오지 않습니다."

2. 당신의 제안이 부담이 적은 것을 강조한다. 더 큰 부담과 더 큰 손해를 보는 다른 것에 비해서 당신이 제안하는 것이 상대적으로 부담이 적고 손실이 덜하다는 점을 강조한다.

3. 적극적으로 유도한다. 이런 비교를 통해서 마음을 정하지 못한 상대에게 더 적극적으로 제안을 받아들이도록 유도한다.

다수를 따라가는 군중의 법칙

축구 경기장에서 갑자기 많은 사람들이 떼를 지어서 어디론가 달려가기 시작하자 무슨 소용돌이가 모든 것을 삼키듯 거기에 있던 모든 관중들이 일어나 그쪽 한 방향으로 몰려가게 된다. 이런 현상을 이른바 '패닉'이라고 부른다.

사실 군중심리는 집단의 생존 원칙과 맞닿아 있다. 가끔 거기에서 보이는 맹목적인 특성은 단순히 따라하는 집단적인 무지의 결과라고 할 수 있다. 한 무리의 양떼가 어딘가로 열심히 달려간다고 하자. 90% 이상의 양들은 정말 늑대가 오고 있는지조차 알지 못한다. 하지만 일단 기다렸다가 늑대가 온 사실을 확인하고 도망을 가면 이미 때를 놓치게 된다.

사람도 마찬가지다. 복잡한 거리를 바삐 지나가던 행인들이 큰 굉음 소리를 듣고 모두 땅에 엎드린다고 하자. 폭탄이 터진 것인지, 아니면 지나가던 자동차의 타이어가 터진 것인지 알 수가 없다. 확실한 것은 그 순간만큼은 굉음의 원인을 찾지 않고 일단 다른 사람들처럼 납작 엎드리는 것이 살아남는 길이다.

군중심리는 실제로 우리 생활에 많은 영향을 미친다. 우리는 이유도 모르면서 유행을 따르고, 사회가 요구하는 트렌드나 바람직한 행동을 별로 저항하지 않고 받아들인다. 모두 군중심리에서 비롯된 것이다.

"다 웃으니까 나도 웃지."

TV 시트콤을 보다 보면 음향효과로 다른 사람들의 웃음소리가 튀어나온다. 실제 사람들은 이런 인위적인 음향효과만으로 사람들을 억지로 웃게 만드는 것에 대해서 거부감을 느끼기도 한다. 하지만 시트콤을 보여주면서 이런 인위적인 웃음소리를 들려주면 모두들 웃음을 터뜨린다. 똑같은 시트콤인데도 이런 인위적인 웃음을 빼고 보여주면 그저 빙그레 웃을 뿐이다.

  왜 그럴까? 방송에서 들려주는 웃음소리가 진짜 웃음소리가 아니라는 것은 누구나 다 알고 있는 사실이다. 하지만 우리의 의식만이 그것을 알고 있을 뿐, 우리를 더 강하게 지배하는 무의식은 웃음소리가 진짜인지 가짜인지 별로 개의치 않는다. 오히려 인간의 무의식은 외부로부터 전달된 사람들의 웃음소리를 신호로 알고 자동적으로 함께 웃음소리를 내는 것이 유리하다고 판단하는 것이다.

내 인생 내 뜻대로 살아가는 노하우

1. "저희 고객 90%가 이 모델을 선택하셨고, 이 상품에 크게 만족하고 있습니다."

   "올해에는 오렌지 색상 계열이 인기입니다. 써 본 손님들은 모두 좋다고 합니다."

2. 많은 사람이 선택한 것임을 알려준다.

   상대에게 권하려는 특정 상품이나 행동을 다른 많은 사람들도 동일하게 관심을 보였으며, 많은 사람들이 이것을 선택하였다는 것을 알린다.

3. 상대의 결정을 유도한다.

   다수의 많은 사람들이 비슷한 행동이나 결정을 한 것을 귀띔하여 상대도 결정하도록 유도한다.

권위 앞에 약해지는 권위의 법칙

어떤 논리를 펴서 상대를 설득할 때 권위 있는 어떤 이름을 대면 당신의 말에 상당한 설득력을 얻는다. 인간이 모여서 일하고 생활하는 집단에는 기본적으로 위계질서가 있다. 조직원들은 대부분 그 위계질서 자체에 자신이 져야 할 책임을 위임하는 데에 익숙하다.

어느 종합병원에서 실험한 이야기다. 제대로 교육도 받고 경험도 풍부한 간호사들에게 환자들에게 황당한 처치를 하도록 의사들이 명령을 내렸다. 심지어 귀에 뿌리는 약을 환자 항문에 삽입하라는 실로 어처구니없는 처치를 하라고 명령을 내렸다. 그런데 간호사들은 이런 어처구니없는 지시도 그대로 수행하였다. 황당한 지시도 하나도 빠짐없이 수행한 것으로 나타났다. 흰 가운을 입은 의사라는 권위의 힘이 대단하다는 것이 이 실험을 통해서 나타났던 것이다. 어느 정도의 교육 수준이 있는 간호사들도 이 지시에 군말 없이 복종했던 것이다. 당신의 뜻을 전할 때에도 이 점을 활용할 필요가 있다. 상대방이 인정할 만한 권위 있는 내용이나 인지도 있는 참고인의 이름을 거명하면 효과를 볼 수 있다. 예를 들어서 "대통령께서 만찬회할 때에 하신 말씀입니다.", "저희 논문을 미국 식품협회가 인정했습니다." 등 권위 있는 기관이나 협회를 이용하면 효과가 있다.

또 다른 방법으로는 다른 유명한 인사의 이름을 빌려다가 쓰는 것도 있다. 유명한 인사가 경험하고 입증한 내용이 당신의 의견에도 적용되는 것이라면 그것을 거론하여 제법 큰 효과를 거둘 수가 있다.

내 인생 내 뜻대로 살아가는 노하우

1. 권위 있는 사람들의 말을 인용한다.

    상대방이 의견에 대해서 더 신뢰를 갖도록 하기 위해서는, 공신력 있는 기관의 테스트, 언론보도 내용, 연구 조사 결과, 관련협회 등의 견해나 인기 연예인이나 유명 인사들의 말을 인용하는 말 등을 들려주는 것이 좋은 방법이다.

2. 표가 나지 않게 넌지시 말한다.

    특히 말하는 당사자가 권위 있는 직함을 달고 있거나 할 때, 그것을 너무 표가 나지 않게 넌지시 흘린다면 그 효과가 크다.

3. 해당 분야에서 인상적인 권위자나 공신력 있는 기관을 언급하여 상대의 결심을 유도한다.

부족한 것이 귀하게 보이는
결핍의 법칙

　중고 자동차를 판매하는 판매사원은 같은 중고차에 관심을 보인 고객들을 고의로 똑같은 시간에 불러 모은다고 한다. 손님이 다른 경쟁자가 있다는 것을 아는 순간, 일제히 자동차를 사려고 눈에 불을 켤게 뻔하기 때문이다. 하지만 위험부담도 적지 않다. 만일 한 명이라도 마음이 변하여 그 자리에서 손을 떼면 갑자기 다른 사람들 눈에도 그 중고차가 별로 매력이 없어 보이기 때문이다.

　사람도 마찬가지다. 사랑하는 사람이 떠나려고 할 때, 다른 사람이 나타나 애인을 사이에 두고 사랑싸움을 하게 될 때, 사랑 앞에 장애물이 나타날 때 그 사랑은 더욱 열정적으로 불이

붙게 되는 것이다.

희소가치가 있는 것은 때로는 엄청난 위력을 발휘한다.

샌디에이고의 한 심리 연구소에서 술집의 손님들을 상대로 한 실험을 하였다. 오후 5시에서 12시까지 한 여성에 대한 남성들의 호감도 조사를 실시하였는데, 같은 여성인데도 밤이 깊어갈수록 호감도가 점점 높아가는 것으로 나타났다. 오후 5시에서 8시 사이에는 한 여성에 대한 호감도가 높지 않았는데, 밤이 깊어갈수록 여성에 대한 호감도가 높아갔다. 같은 여성이고, 특별한 화장을 하지 않았는데도 말이다.

인간은 경쟁 상태에 있을 때 혈압이 높아지고, 스트레스 호르몬이 분비되며, 시야가 현저히 좁아진다. 합리적 이성의 힘은 점점 감소되고, 대신에 감정에 의해서 움직이게 된다. 그리하여 당신이 사용하고 있는 희소가치가 진정으로 가치가 있는지 따져보지도 않고 본능적으로 결정이라는 행동을 취하게 된다.

내 인생 내 뜻대로 살아가는 노하우

1. 결핍의 법칙을 잘 활용하면 상대방의 결정을 앞당기게 할 수 있다.

    마트나 대형 백화점 또는 홈쇼핑에서 "지금 몇 개밖에 남지 않았다든지" 또는 "물건이 다 떨어져 얼마 남지 않았습니다."라고 선전하여 고객을 유인하는 것과 같다.

2. 희소가치를 이용한다.

    상대는 정보, 상품, 기획 등의 수량이 많으면 취하지 않을 수도 있는데, 희소가치로 인해 결정을 해버리는 것이다.

긴장감을 누그러뜨리는
완화의 법칙

완화 법칙은 긴장상태나 상대의 공격을 누그러뜨릴 때 사용하는 법칙이다. 분쟁이나 협상할 일이 일어났을 때 사용한다. 상대의 강한 공격을 완화시킴으로써 공격이나 협상의 기회를 찾을 때 사용된다.

사과를 하는 것은 이런 긴장상태를 완화하는 가장 좋은 방법이다. 그러나 한정된 것에만 사과하는 것, 이것은 완화 법칙에 있어서 무엇보다 중요한 원칙의 하나이다.

프랑스 사람들은 일상생활에서 "미안합니다."의 "빠흐동."이라는 말을 자주 사용한다. 우리 미국 사람들의 "I am sorry."보다 더 자주 사용한다. 길을 가다가 부딪치게 되면 그 즉시

"빠흐동."하고 사과한다.

그런데 그들은 문제가 생겼을 때는 완전히 달라진다. 어떤 문제가 생겼을 때 그들은 절대로 사과하지 않고 따지면서 자신의 정당성을 주장한다. 예를 들어서 와인을 들고 길을 가다가 서로 부딪쳐 와인병을 깼다고 하자. 그들은 타협하지 않는다. 누가 잘못을 해서 와인병을 떨어뜨려 깼는지 잘못을 가린다. 한국 사람처럼 적당한 선에서 타협하지 않는다. 그리고 시비가 가려질 때까지 사과를 하지 않는다. 사과를 하면 배상을 해야 하기 때문이다.

프랑스 사람들은 만약에 신호위반으로 사람을 치었다고 하더라도 사과를 하지 않는다. 오로지 보험회사에 맡긴다. 보통 사람들의 상식으로는 누구의 잘못을 따지기 전에 우선 사고가 났다는 점에서 미안함을 느낀다. 그러나 프랑스 사람들은 그렇지 않다. 프랑스 사람들은 잘못을 인정하는 데 있어서는 신중하고 철저하게 따진다. 그것이 프랑스 국민들의 오래된 습성이다.

이렇게 문제가 발생했을 때에는 상대가 거세게 항의할 때에도 잘못을 철저하게 따져보고 신중하게 사과를 하는 것이 바람직하다.

　미국 샌디에이고에서 일어난 일이다. 한 운전사가 아이를 치었다. 그 주위에 살던 아이의 가족들은 부리나케 달려와 운전사에게 대들었다.

　"야, 어떻게 운전을 하였기에 내 아이를 치었냐?"

　거칠게 항의하는 가족들을 향하여 몸은 굽실거릴망정 절대로 잘못했다는 말을 하지 않았다.

　사고의 책임은 결코 운전자에게만 있다고 생각하지 않기 때문이다. 달려오는 자동차를 향해서 뛰어든 아이에게도 책임이 있기 때문이다. 교통경찰이 와서 사고경위를 조사할 때까지 그 운전사는 잘못했다는 말은 하지 않았다. 그저 "죄송합니다. 깜짝 놀라게 해서 죄송합니다."라는 말만 연발했다.

내 인생 내 뜻대로 살아가는 노하우

1. 일을 빨리 수습하겠다는 생각을 하지 않는다.

    일을 빨리 해결하겠다는 생각으로 빨리 잘못을 인정했다가는 사고의 모든 책임을 자신이 지게 된다.

2. 자신이 잘못하지 않은 부분에 대해서는 책임을 지지 않도록 한다.

3. 섣부른 사과는 하지 않는다.

    모든 것이 확실하게 밝혀지기 전까지 섣부른 사과를 하여 화를 자초하지 않는다.

반대로 행동하는 반사의 법칙

반사의 법칙은 즉삭석인 반응을 활용하는 법직이다. 이 법칙에서는 질문을 잘해야 한다. 즉 원하는 답을 얻기 위해서 질문을 잘해야 한다.

바람둥이로 소문난 미국의 유명한 남자 배우가 자신이 수많은 여성과 사귀게 된 노하우를 기자에게 이렇게 설명했다.

"마음에 드는 여배우와 제 집에 차를 타고 도착하면 저는 이렇게 질문합니다. '그냥 갈 거야? 아니면 들려서 머물렀다 갈 거야?' 저는 '머물렀다 갈 거야? 아니면 그냥 갈 거야?'라고 묻지 않습니다."

여성은 "그냥 갈 거야?"라는 말을 듣게 되면 안심하면서도 약간 서운한 감정을 느낀다. 왜냐하면 무의식 속에서 은근히 유혹받기를 기대하고 있기 때문이다. 그러나 그 바로 뒤에 "머물렀다 갈 거야?"라는 말을 들으면 그 실망감이 사라지면서 "네."라고 대답하지 않아도 저절로 OK로 이어진다는 것이다.

　이 남자 배우는 여성의 심리를 잘 이용하고 있는 것이다. 여성이 처음에 "머물렀다 갈 거야?"라는 말을 들으면 경계심을 먼저 갖게 된다. 그 다음에 여성이 "그냥 갈 거야?"라는 말을 듣고 가만히 있으면 돌아가겠다는 뜻으로 해석이 된다.

　여성의 입장에서는 그것을 되받아 이미 앞에서 지나간 말 "머물다 가겠다."는 말을 할 수가 없게 된다.

　이 반사의 법칙은 상대의 의사를 존중하는 척 하면서 자기 의도대로 움직이려는 수법이다.

내 인생 내 뜻대로 살아가는 노하우

1. 상대의 의향을 묻는 척 하면서 선택을 제시하는 것이 좋다.

    양자택일을 요구할 때 나의 의사대로 강요하면 상대는 오히려 경계심을 가진다.

2. 선택되기를 바라는 쪽을 반드시 뒤에 제시한다.

3. 인간은 결정이나 결론을 나중에 내리려는 심리가 있다.

설득의 요건을 갖추는
조건의 법칙

　유명하고 똑똑한 사람들이 사기를 당했다는 소식을 접할 때마다 사람들은 의구심을 갖는다. 어떻게 그렇게 똑똑하고 머리 좋은 사람이 사기를 당하는지 이해할 수 없다고. 아무리 머리가 좋은 사람이라도 사정과 조건에 따라서 사기를 당할 수 있다. 즉 사기꾼들이 그러한 조건과 상황을 이용하고 있는 것이다. 여기에 조건의 법칙이 적용되고 있다.

　그럼 조건의 법칙이란 무엇인가?

　전직 장관, 박사, 신문기자라는 등의 권위 있는 사람의 이름만 나오면 대부분의 사람들이 휩쓸린다. 권위에 눌리는 것이다. 이런 심리적 현상을 심리학에서 조건 법칙이라고 한다.

다른 사람을 속이는 사람 역시 나쁜 방면으로 머리가 매우 발달한 사람이다. 지능이 낮으면 사람을 속일 수 없다. 통계적으로 보아도 사기범이 지능이 높고, 자기 주장형의 사람들이 많다. 대표적인 사기수법으로는 높은 학력, 풍부한 재력을 빙자하는 것이다. 높은 지위에 있는 사람의 저명한 이름, 여러 가지 학력에 사람들이 약하기 때문이다.

일찍이 미국 전역을 돌아다니며 가짜 상품을 판 윌리엄스라는 사기꾼이 있었다. 그는 뉴욕에서 만든 것을 동양에서 만든 것이라고 속이고, 토끼털을 염색하여 표범가죽이라고 속였다. 그렇게 하여 1년에 백만 달러 이상의 수익을 올렸던 것이다.

엄청나게 싼 가격 때문에 많은 사람들이 그에게 속아 넘어갔다. 일반 시중가보다 비싸면 속지 않았을 것이다. 비싸다면 급히 살 이유가 없고, 충분히 살펴보고 사기 때문이다.

부르엘은 이렇게 말했다.

"이 세상에는 재주꾼들이 많은데, 그들이 할 수 있는 일이란 사람들을 속이는 일밖에 없다." 속는 사람들이 없었다면 사기꾼들은 벌써 이 세상에 없었을 것이다.

괴테는 "우리가 속임을 당하는 것이 아니라 우리가 우리를 속이는 것이다."라고 말했다. 사기꾼이 우리를 속이는 것이 아니라 우리가 너무 이윤에 매달린다는 뜻이다.

내 인생 내 뜻대로 살아가는 노하우

1. 아무리 이익이 된다고 하더라도 그런 일이 가능한지를 신중하게 생각해 본다.

   이득과 계산만을 앞세워 판단하기 때문에 사기당하는 것이다.

2. 대부분의 사기는 눈앞의 이익과 관계가 있으므로 부당한 이익에 현혹당하지 않으면 당하지 않는다.

3. 거짓말 하는 사람은 거짓과 본심의 격차를 줄이려고 이상한 행동을 한다. 이런 심리적 현상을 파악하여 속지 않도록 현명하게 대처한다.

흥미를 유발하는 반복의 법칙

장애 아동 교육의 세계적인 권위자인 더만 박사가 개발한 '더만법'에는 장애 아동에게 문자를 가르치는 문자교육법이라는 것이 있다.

이 교육법을 설명하면 다음과 같다.

아이에게 빨강색으로 쓴 '아빠'라는 글자가 적혀 있는 카드를 10초 동안 보여 주면서 교육이 시작된다. 이렇게 시작하면 아이는 '무엇인가 시작되려는구나.' 하는 생각에 흥미를 갖기 시작한다. 아이가 빨간 낱말 카드들에 대해서 흥미가 떨어질 무렵, 즉 일정 시간이 지난 다음에 다음의 카드로 넘어간다. 처음의 카드에 비해 글자의 크기도 작고 색깔도 검정색으로 바꾸어 가면서 계속 보여준다.

보여주는 문자의 범위도 친숙한 것에서부터 덜 친숙한 것으로 점차 넓혀 간다. 이렇게 하는 동안 아이는 자기도 모르는 사이에 문자를 기억하게 된다. 반복의 효과가 나타나기 시작하는 것이다.

보험회사에 다니는 한 초보 세일즈맨이 있었다. 그는 모 회사에 근무하는 간부를 지인으로부터 소개받았다. 그런데 그 간부는 항상 바쁜 몸이다. 그래서 그 간부와 간신히 만남을 약속하고는 이 좋은 기회를 놓칠 수 없다고 생각하여 만나자마자 계약을 맺으려고 온갖 노력을 다하였다. 그 간부는 소개해 준 사람의 체면도 있어서 이야기를 들어주면서도 마음은 콩밭에 있었다. 결국 그 초보 세일즈맨은 계약에 실패하고 말았다.

그런데 베테랑 세일즈맨은 소개를 받자 첫날은 인사만 하고 명함만 주고 왔다. 그리고 다음날 바쁘지 않은 시간에 찾아갔으나 약 5분간 사적인 대화만을 나누다가 헤어졌다. 그렇게 자주 만나서 여러 가지 대화를 나누다가 마침내 계약에 성공했다. 그는 반복의 심리법칙을 사용한 것이다.

내 인생 내 뜻대로 살아가는 노하우

1. 여성을 유혹할 때는 부지런한 사람이 성공한다.

2. 바쁜 사람을 만날 때는 그것이 최후의 기회인 것 같은 심리적 착오에 빠지지 않는다.

3. 반복을 시간을 끄는 데 열중하지 않고 다음 전략을 세운다.

본보기를 보여 주는
암묵적 강화 법칙

　세상을 떠들썩하게 했던 IBM 스파이 사건은 이미 오래 전의 이야기지만, 기억하는 독자들도 있을 것이다.

　이 사건은 일본의 히타치 사(社)가 미국 IBM 사에 기술 기밀을 빼내기 위하여 직원으로 가장하여 스파이를 심었다. 그것이 전 세계에 알려지면서 미국과 일본은 물론 전 세계에 큰 파장을 일으켰다. 당시 미국의 사법당국 즉 FBI가 지목한 것은 물론 일본의 히타치 사였다. 그런데 실제로는 미국 당국에서 일본 기업들의 미국 진출을 견제하기 위한 함정에 히타치 사가 걸린 것이었다. 이로 인해서 일본의 전자 부품들이 미국 진출에 상당한 애로를 겪었으며 미스비씨 등 일본의 다른 기업들에도 커다란 영향을 미쳤다. 필자가 여기서 말하고자 하는 것은 히타치 사는 결론적으로 일본기업의 미국 진출을 막기 위한 희생양이 되었다는 사실이다.

이처럼 희생양을 내세워 본때를 보이고 그것을 본보기로 삼아 상대를 설득하는 수법은 일상생활에서도 많이 사용되고 있다. 예를 들어서 실수를 범한 직원을 직접 나무라지 않고 다른 직원을 질책함으로써 그를 깨우치게 하는 것이다.

이런 수법을 심리학에서는 '암묵적 강화방법'이라고 한다. 이 방법은 꾸짖으려는 사람을 직접 꾸짖는 것보다 더 효과적이다.

조직에서 조직 전체가 느슨해지거나 분위기가 산만하여 분위기 전체를 쇄신하고자 할 때 이 암묵적 방법을 많이 사용한다. 조직원 전체에 어떤 벌을 가할 수는 없는 것이고, 대신 특별히 문제가 된 직원을 본보기로 삼아 질책하여 희생시키는 것이다. 그 때 조직원 모두가 '사실은 내가 책망받았어야 하는 것인데…….'하는 마음을 갖게 된다. 그러면 이 방법은 성공한 것이다.

내 인생 내 뜻대로 살아가는 노하우

1. 이 전략은 희생양으로 삼는 상대와 당신의 우열관계가 확립되어 있을 때 사용한다.

2. 만일 상대가 당신보다 못난 것이 없다고 생각하면 실패한다.

3. 희생양과 당신과의 우열관계가 확실하게 성립되면 다른 직원과도 우열관계가 확실하게 서는 계기가 된다.

Part 7

주위에 휘둘리지 않고 내 뜻대로 사는 기술

흥분하거나 분노한 사람을
다루는 기술

흔히 부부 싸움을 '칼로 물 베기'라고 한다. 그러나 아내가 화를 내면서 흥분하면 남편으로서는 감당하기 힘들다. 최근에는 접시 등을 던지거나 남편을 마구 때리는 아내도 있다고 한다. 당황한 남편이 "좀 냉정하게 생각하자."고 말하면 아내는 미친 듯이 화를 내며 소리 지르기 일쑤다.

이럴 때 간혹 눈치도 없이 아내에게 왜 화를 내느냐고 따지는 어리석은 남편도 있다. "왜 갑자기 화를 내는 거야? 돈을 적게 갖다 줘서 그러는 거야? 아이들 때문이야?"라는 식으로 부부싸움의 원인을 캐내려고 들면 아내는 더욱 걷잡을 수 없는 상태가 된다.

이는 흥분한 아내에게만 국한된 이야기가 아니다. 흥분한 사람 앞에서 그 이유를 따지는 것은 불난 집에 휘발유를 끼얹는 것과 같다.

이렇게 흥분하는 원인은 대부분 별 것 아니다. 남편이 조금 늦게 집에 들어왔거나 옆집 여자와 말싸움을 했다는 식이다. 다만 한 번 흥분하면 옳고 그름을 분별하지 못한다. 따라서 상대방이 흥분했을 때는 흥분이 가라앉을 때까지 기다리는 것이 상책이다.

흥분한 상대방에게 왜 흥분했냐고 묻는 것은 울고 싶은 이이를 때려주는 것과 똑같은 효과다. 이럴 때는 상대방의 감정에 동조하지 않는 것이 최선이다.

아내는 지금 화를 내고 싶은 것이다. 감정을 토해 내고 싶은 것이다. 그 감정만 토해 내면 다시 원래대로 돌아올 것이다. 남편은 그저 "그래서 화가 난거야?", "알았어, 앞으로 조심할게.", "내가 잘못한 게 맞아."라고 말하면서 흥분을 가라앉히는 것이 지름길이다.

이렇게 하면 상대방은 생각나는 대로 마구 떠들 것이다. 큰 소리로 울면서 아우성치더라도 생각나는 것을 모조리 말해 버리면 나중에는 할 말이 없어지고, 그때쯤엔 흥분도 가라앉는다. 요점은 흥분한 상대방의 감정을 고스란히 받아줘야 한다는 점이다. 상대방이 당신 앞에서 흥분하는 이유는 자신의 감정을 받아 달라는 뜻이다. 이런 경우 거창한 심리학 이론을 들먹일 필요도 없다. 상대방이 원하는 대로 해주면 그만이다. 이런 자세는 심리 상담사들에겐 기본적인 상식으로 통한다.

물론 그중에는 심각한 고민을 안고 있는 사람도 있다. 하지만 흥분한 상태에서 그 원인을 세밀히 찾아본다고 하더라도 간단히 해결되지 않는 경우가 많다. 아니, 본질적인 원인을 찾음으로써 문제가 더욱 심각해지고, 상대방을 궁지에 몰아넣게 될지도 모른다.

외롭다, 슬프다, 화가 난다 등……. 심각한 고민을 안고 있는 사람들일수록 마이너스 감정에 사로잡혀 있다. 그때는 마이너스 감정의 원인을 찾을 게 아니라 마이너스 감정을 쏟아내도록 유도해야 한다.

내 인생 내 뜻대로 살아가는 노하우

1. 상대방이 흥분하거나 분노했을 때는 이유를 따지지 않는다.

2. 일단 상대방이 원하는 대로 들어준다.

3. 마이너스 감정을 쏟아내도록 유도한다.

적대관계에 있는 사람과
화해하는 기술

아이들이 좋아하는 액션 애니메이션에는 늘 같은 패턴이 등장한다. 주인공에게는 언제나 경쟁자가 있다. 주인공은 천신만고 끝에 이 경쟁자를 쓰러뜨린다.

이것으로 끝인가 하면 그 경쟁자와는 비교할 수도 없는 새로운 강적이 나타난다. 그리고 이 강적을 쓰러뜨리기 위해 주인공과 그 경쟁자는 어느새 같은 편이 되고 마침내 강적을 쓰러뜨린다.

어른들 눈으로는 아이들이나 좋아하는 만화 같은 이야기일지 모르지만, 사실 인간관계의 심리를 잘 얘기해준다.

자신과 적대관계에 있는 인물일지라도 '공동의 적'이 나타나면 상황이 달라진다. 두 사람이 공동의 적을 위험으로 인식하는 한, 과거의 적이 내 편이 되어줄 가능성이 높다.

이와 같은 인간관계의 불가사의는 '밸런스 이론'으로 설명이 가능하다.

밸런스 이론에서는 세 사람이 서로 알고 있을 경우, 눈에 보이지 않는 일정한 밸런스가 작용한다고 주장한다.

인간의 감정을 좋아한다는 플러스 감정과 싫어한다는 마이너스 감정으로 나눴을 때, 세 사람 사이의 감정을 곱하면 대체로 플러스가 된다는 이론이다.

예를 들어 A와 B, A와 C의 관계가 좋다고 가정하면 B와 C의 관계는 어떻게 될까? A와 B, A와 C 사이에 플러스 관계가 맺어져 있으므로 둘을 곱하면 플러스가 된다.

만약 B와 C의 관계가 플러스가 아니라면 세 사람 사이의 관계를 곱한 값은 마이너스다. 이렇게 되면 균형이 무너진다. 따라서 B와 C도 좋은 관계를 맺을 수밖에 없다.

그렇다면 A와 B가 적대관계이고, 두 사람 앞에 공동의 적이 나타났을 때는 어떻게 될까?

A와 적, B와 적의 관계는 마이너스다. 이 둘을 곱하면 플러

스가 된다.

이때 A와 B의 관계는 플러스가 되지 않으면 밸런스가 무너진다. 따라서 A와 B의 관계는 어쩔 수 없이 플러스가 된다.

A와 B가 적대관계였을지라도 함께 싸워야 할 제3의 존재에 의해 마이너스에서 플러스의 관계로 바뀌는 것이다.

이와 같은 밸런스 이론을 적절히 활용한다면 적대관계에 있는 인물과도 쉽게 관계를 회복할 수 있다. 어딘가에서 '공동의 적'을 발견하기만 하면 최소한 이 적을 쓰러뜨릴 때까지는 우호관계를 맺을 수 있다.

남북시대 같은 혼란기를 살펴보면 이와 같은 밸런스 이론의 실례를 쉽게 찾아볼 수 있다.

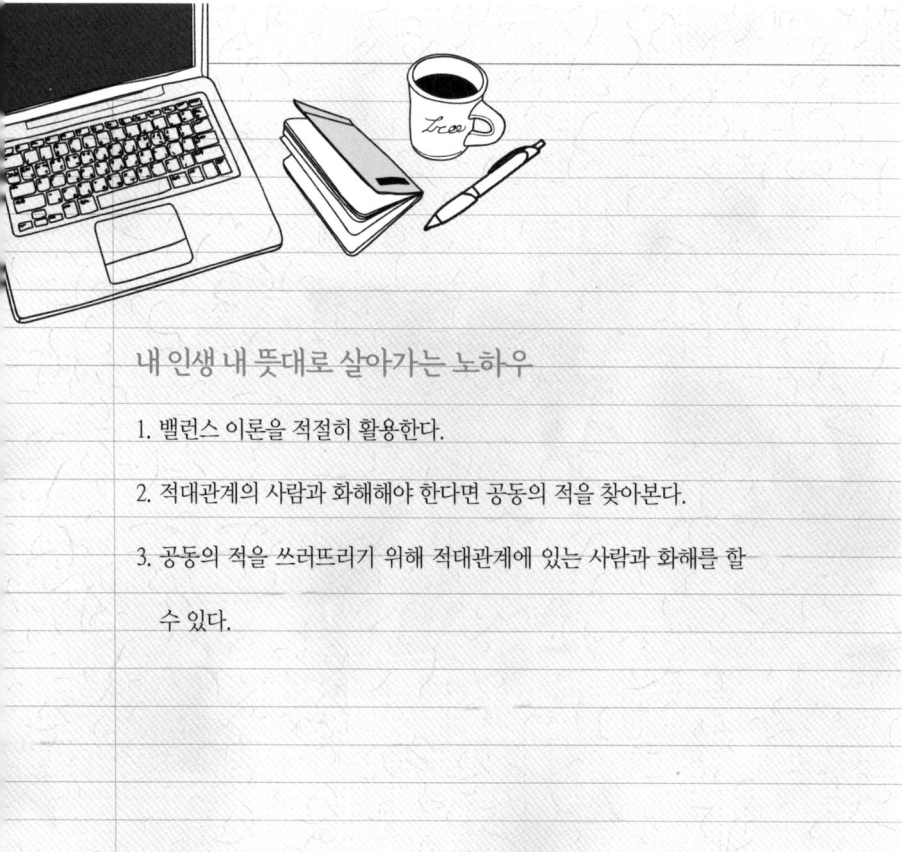

내 인생 내 뜻대로 살아가는 노하우

1. 밸런스 이론을 적절히 활용한다.

2. 적대관계의 사람과 화해해야 한다면 공동의 적을 찾아본다.

3. 공동의 적을 쓰러뜨리기 위해 적대관계에 있는 사람과 화해를 할 수 있다.

의견의 차이가 크거나 감정적인 사람을 설득하는 방법

요즘 주부나 젊은이들은 휴대폰을 붙잡고 산다 해도 과언이 아니다. 비즈니스맨들도 대부분의 용건을 휴대폰으로 끝내는 사람이 적지 않다.

"우리 때만 해도 무조건 만나서 이야기했다. 전화 한 통화면 다 된다고 생각하는 젊은이들이 너무 많다."면서 전화 통화를 부정적으로 생각하는 사람들도 있는데, 전화 통화도 나름의 장점이 많다.

확실히 통화만으로는 구체적인 감정을 전달하기 어렵다. 하지만 상대가 쉽게 감정적으로 돌변하는 사람이라면 직접 만나는 것보다 통화로 이야기를 풀어 나가는 것이 유리하다.

이는 실험에 의해서도 밝혀진 사실이다. 어떤 주제에 대해 의견이 다른 학생들을 두 그룹으로 나눴다. A그룹은 전화 통화를 통해 합의점을 찾도록 했고, B그룹은 얼굴을 맞대고 토론하도록 했다.

그 결과 A그룹이 B그룹보다 더 빠른 시간에 의견일치를 보았다. 의견이 다른 두 사람이 합의하는 데 전화 통화가 상당한 도움을 준 것이다. 반대로 직접 대면하고 토론한 B그룹은 서로의 감정이 격화되어 의견일치에 도달하지 못했다.

게다가 전화 통화로 의견일치에 도달한 A그룹은 상대방에 대한 평가에서도 "성실하고 이성적이었다."는 내용이 다수였다. 전화 통화를 하게 되면 상대방의 표정이나 감정을 볼 수 없기 때문에 이성적으로 이야기할 수 있다. 따라서 상대방에 대한 평가도 상승한다. 한마디로 상대방을 직접 볼 수 없기 때문이다.

직접 만나서 이야기할 경우, 어쩔 수 없이 상대방의 안색과 분위기에 휩쓸리게 된다. 정신이 분산되면서 논점에 접근하지 못한다. 반면에 전화 통화는 상대방의 목소리에만 집중하면 된다. 즉, 논점에 접근하기가 수월하고 서로 간의 냉정한 합의가 가능해진다. 의견일치도 수월해진다. 서로에 대한 평가도 후해질 수밖에 없다.

직접 얼굴을 맞대고 이야기하는 의사소통이 모든 상황에 적절한 수단은 아니다. 의견일치가 절실하게 요구될 때, 특히나 상대방이 감정적인 인물일 때 전화 통화는 최선의 방법이 될 수 있다.

직접 얼굴을 맞대고 이야기를 나눌 때 상대방이 마구 화를 내면 당하는 사람은 어쩔 수 없이 움츠러들게 되고 제대로 대화를 할 수 없게 된다. 그런 상황이 걱정될 때는 전화로 상대방을 설득하는 편이 훨씬 좋다. 전화는 이럴 때 큰 도움이 된다.

개인 간의 교재에서도, 특히 데이트 도중 다툰 커플들도 시간이 지난 후 전화 통화로 화해하는 경우가 많다. 이 또한 전화의 효용이라고 할 수 있다.

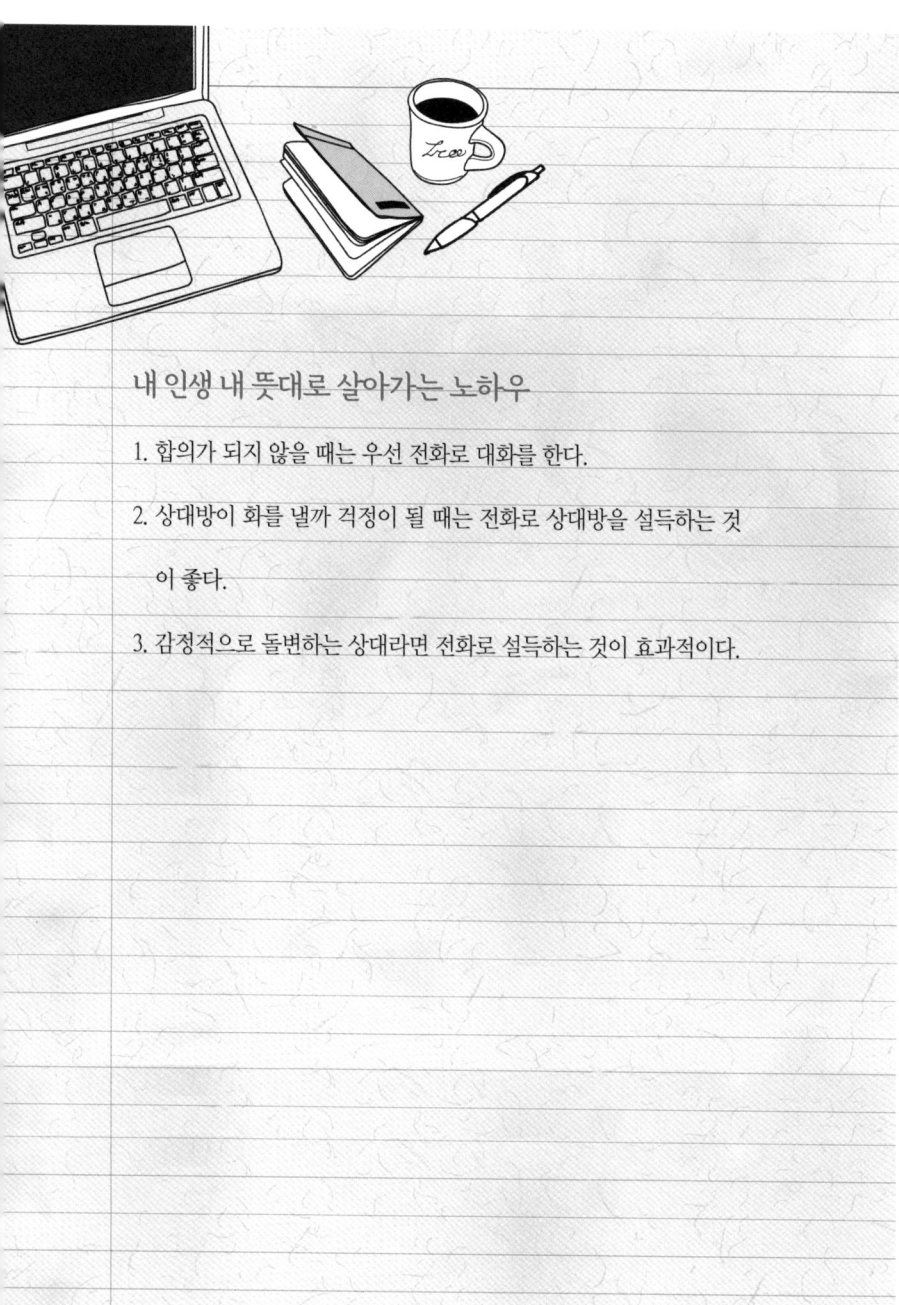

내 인생 내 뜻대로 살아가는 노하우

1. 합의가 되지 않을 때는 우선 전화로 대화를 한다.

2. 상대방이 화를 낼까 걱정이 될 때는 전화로 상대방을 설득하는 것이 좋다.

3. 감정적으로 돌변하는 상대라면 전화로 설득하는 것이 효과적이다.

나를 싫어하는 상대방을 설득하기

비즈니스가 어려운 이유는 인간적으로 사이가 안 좋은 사람과도 거래를 해야 하기 때문이다. 나만 상대방을 거북해하는 것이라면 그나마 견딜 만하다. 상대방이 나를 싫어한다면……. 그런 사람도 상대해야 하는 것이 비즈니스맨의 숙명이다.

만약 나를 싫어하는 그 사람에게 찾아가 안건을 승낙 받으라는 상사의 지시를 받았다면 어떻게 해야 할까.

그 사람이 그때처럼 불쾌한 표정을 지으면서 나를 무시하면 어쩌나 하는 걱정이 앞선다. 그래도 방법은 있다. 그가 나를 싫어한다는 점을 역이용하는 것이다.

우선은 되도록 많은 설득 자료를 확보해야 한다. 나에 관한 것이라면 무조건 고개부터 가로젓는 그를 설득하기 위해서는 논리적 증명이 최선이다.

미국의 어느 대학에서 다음과 같은 실험을 했다. 학생들에게 현재의 2학기 제도를 3학기 제도로 2년 뒤에 전환하겠다고 했을 때 과연 수긍할 것이냐는 실험이었다. 학생들의 입장에서는 3학기 제도가 실시되면 리포트 제출과 시험이 한 번 더 늘어나기 때문에 당연히 반대할 수밖에 없다. 물론 현재 3,4학년은 2년 후엔 모두 졸업하므로 직접적인 피해가 없다.

조사 대상을 두 그룹으로 나누었다. 한 그룹은 상당한 설득 자료를 제공한 다음 학생들에게 제일 인기가 없는 교수에게 설명을 맡겼고, 다른 그룹은 특별한 설득 자료 없이 학생들에게 가장 인기가 많은 교수에게 설득을 맡겼다.

실험결과 3학기 제도 시행과 직접적인 관련이 있는 1,2학년과 관련이 없는 3,4학년 사이에서 완전히 다른 결과가 나타났다.

3,4학년의 경우 인기가 많은 교수가 특별한 자료 없이 설득했을 때 가장 많은 찬성표를 던졌다. 반대로 1,2학년은 싫어하는 교수로부터 많은 자료를 제공받았을 때 가장 많은 찬성표

를 던졌다.

이해관계가 없는 3,4학년들은 3학기 제도에 관한 설명을 듣는 것 자체가 곤욕이다. 그런 얘기를 듣는 것 자체가 귀찮다. 따라서 나를 설득하겠다고 나선 사람이 마음에 들 경우, '당신이 그렇게 말한다면 그렇게 하죠.'라는 심정이 된다.

그렇다면 이해관계가 있는 1,2학년은 어째서 싫어하는 교수에게 설득당하는 걸까? 나를 설득하겠다고 나선 사람이 내 마음에 들지 않는 경우, 나는 오직 내용만으로 판단하게 된다. 다시 말해 설득하려는 사람이 인기가 없을 경우, 논리적으로 나갈수록 상대방을 보다 쉽게 설득할 수 있다.

많은 기업들이 비즈니스적인 설득이 필요할 때, 상대에게 어필할 수 있는 사람을 찾곤 하는데, 이해득실 관계가 치밀하게 교차하는 비즈니스에서는 상대에게 어필할 수 있는 인물이 나서더라도 효과를 기대하기 어렵다.

이럴 때는 상대가 싫어하는 타입을 설득하는 역할로 내세우는 편이 더 좋은 결과를 기대할 수 있다. 이때 중요한 것은 논리적인 자료다. 고객, 또는 상대방을 충분히 설득할 수 있을 만큼의 자료가 반드시 요구된다. 이론적으로도 완벽히 무장하고 있어야 한다.

비즈니스 세계에서는 사람들이 좋아하지 않는 타입의 인물이 의외로 큰 성공을 거두곤 한다. 그 이유는 아마도 위와 같은 방법으로 상대방을 설득했기 때문인지도 모르겠다.

내 인생 내 뜻대로 살아가는 노하우

1. 나를 싫어하는 것을 역이용한다.

2. 논리적으로 증명할 수 있는 자료를 많이 준비한다.

3. 나를 싫어하는 상대방에게 논리적으로 설득한다.

반대 의견과 타협점을 찾는 방법

전쟁에서 승리하는 최선의 방법은 무엇일까? 한쪽이 초토화 될 때까지 전면전을 펼치는 방법도 있겠으나, 가장 좋은 방법은 전쟁의 상황이 우리에게 충분히 유리해졌을 때 우호국의 힘을 빌려 상대국과 휴전하는 것이다.

러일전쟁 당시 일본이 승리할 수 있었던 결정적인 이유는 미국 때문이다. 당시 미국은 러시아보다 일본에 더 우호적이었다. 일본 정부는 이쯤에서 휴전해야겠다는 판단이 섰을 때 미국에게 도움을 요청했고, 미국은 러시아를 설득해 휴전 협상 테이블에 앉혔다.

반대로 태평양 전쟁 때는 일본의 입장을 대변해주고 지지

해 줄 제3국이 없었다. 일본 정부는 미국과의 전쟁을 어떻게든 중지시키려고 노력했지만 불가능했고, 결국 처참한 패배를 겪게 되었다.

이런 상황은 비즈니스나 개인적인 사이에서도 쉽게 찾아볼 수 있다. 서로 대립되는 의견으로 얼굴이 붉어질 때까지 싸우다가도 두 사람 모두와 친분이 있는 제3자가 나서서 절충안을 내놓으면 못 이기는 척 받아들이곤 한다.

나와 의견이 다른 사람을 설득한다는 것은 쉽지 않다. 논리적으로 명확한 증거를 내밀어도 좀처럼 수긍하지 않는다. 이쪽에서 아무리 많이 양보해도 꿈쩍하지 않는다. 어떤 증거를 내밀어도 화를 낸다.

그러나 양측 모두와 관계를 맺고 있는 제3자가 나타나면 이야기가 달라진다. 상대방은 나뿐 아니라 개인적으로 친분이 있는 제3자와의 관계도 고려해야 한다. 무조건 반대만 할 수 없는 상황이 되는 것이다.

미국의 어느 심리학자가 고등학생을 대상으로 다음과 같은 실험을 실시했다.

먼저 고등학생을 두 그룹으로 나눠 강연을 듣게 했다. 강연의 주제는 '20세 이하 젊은이들의 운전면허 제한'에 관한 것이다. 자동차 운전이 보편화되어 있는 미국의 고등학생들이 도저히 받아들일 수 없는 내용이다. 당연히 반대가 극심했다.

실험자는 첫 번째 그룹에겐 미리 강연의 주제와 내용을 알려주었다. 학생들이 강연 내용에만 주목하도록 하기 위해서였다.

두 번째 그룹에겐 강연 내용을 전혀 알려주지 않고 대신 강연자의 인품에 대해 설명해 주었다. 강연 내용보다는 강연자의 말솜씨나 태도 같은 외부적인 요건에 집중하도록 하기 위해서였다.

강연이 끝난 후 학생들의 반응을 조사했다. 강연 내용에만 집중하도록 한 첫 번째 그룹에서는 약 20%의 학생들이 강연 내용에 동의했다.

이에 비해 강연자의 외적 요건에 집중하도록 한 두 번째 그룹에서는 40%가 넘는 학생이 강연 내용에 동의했다.

이 실험이 의미하는 것은 사전에 이미 반감을 가진 상태에서 교섭 장소에 나왔을 경우, 웬만해선 타협점을 찾지 못한다는 점이다. 나와 생각이 다르다는 것을 미리 알고 있는 상황에서는 누구든지 설득당하지 않으려고 몸을 사린다. 반대로 그 사람이 어떤 입장인지 모를 경우, 그 사람의 의견이 나와 다르더라도 그 의견을 받아들이기 쉬워진다.

그러므로 상대방의 반대가 예상될 때는 미리 내용을 알리지 않고 양측에 중립적인 인물을 동석시키는 게 현명한 방법이다. 상황에 따라서는 결렬될 사안도 깔끔하게 정리할 수 있다.

내 인생 내 뜻대로 살아가는 노하우

1. 자신과 상대방에 모두 관계가 있는 제3자를 등장시킨다.

2. 상대방에게 미리 내용을 알리지 않는다.

3. 반대가 예상되는 상황을 깔끔히 정리한다.

완고한 사람을
확실하게 설득하는 비법

아예 설득 자체를 거부하는 완고한 사람도 있다. 이런 사람에겐 설득의 고수들도 애를 먹는다. 참을성 있게 대처하며 여유를 갖고 느긋한 자세로 교섭하는 것도 좋은 방법이긴 하나, 이보다 더 효과적인 방법이 있다.

여러 사람이 차례로 설득하는 것이다. 예를 들어 한 사람이 30분 동안 계속 설득하는 것보다 세 명이 10분씩 나눠서 설득하는 편이 완고한 상대방을 제압할 가능성이 더 높다.

어차피 완고한 사람인데 한 명이 설득하나 여러 명이 나서나 결과는 같은 것 아니냐고 생각할지 모른다. 하지만 현실은 생각과 다르다.

인간 심리 중에는 여러 사람이 동참하는 행동이나 판단에 '동조'하고 싶은 경향이 있다. 여러 사람이 번갈아 설득하면 아무리 완고한 사람이라도 흔들리게 마련이다. '동조'에 대한 심리적 압박 때문이다.

이 '동조'라는 인간 심리는 백화점이나 음식점의 긴 행렬을 보면 알 수 있다.

아이스크림을 파는 가게나 빵을 파는 레스토랑 앞에 사람들이 길게 줄 서 있으면 왠지 모르게 궁금하고, 자기도 그 사람들과 함께 행동하고 싶어진다.

'사람들이 줄을 서 있다.→많은 사람들이 먹고 싶어 한다.→나도 먹어야 될 것 같다.'라는 심리에 휩쓸려 자기도 모르게 사람들 틈에 섞여 차례를 기다린다. 그래서 어떤 식당은 일부러 아르바이트를 고용해 길게 줄을 세워놓기도 한다.

인간의 동조 심리를 파악하고자 어느 사회심리학자가 다음과 같은 실험을 실시했다.

실험은 간단했다. 뉴욕 번화가에 대학생 몇 명을 세워놓았다. 그리고 이들 학생들에게 아무 이유 없이 고층 빌딩을 올려다보게 했다. 고층빌딩을 올려다보는 학생 수에 따른 주위 반응을 살폈더니, 학생이 세 명일 경우 길을 지나가다가 학생들 곁에 서서 학생들처럼 빌딩을 올려다본 비율은 60%였다. 학생 수를 다섯 명으로 늘리자 통행하던 중 똑같이 빌딩을 올려다본 비율은 80%에 이르렀다.

자신의 개성도 중요하지만, 인간에겐 타인과 함께 움직여야 한다는, 즉 단체에서 벗어나고 싶지 않다는 심리가 있다. 처음에는 너무 개성적이라는 평가를 받았던 패션 스타일이 몇 달 후면 세계적으로 유행하는 것도 이와 같은 동조 심리가 작용했기 때문이다. 이웃집 아이가 다닌다는 이유로 우리 아이도 같은 학원에 보내는 것 역시 동조 심리의 대표적인 현상이다.

웬만해선 이야기조차 들으려 하지 않는 완고한 사람의 마음속에도 남들과 같이 행동하고 싶다는 심리가 숨어 있다. 그 점을 파악한다면 설득도 그리 어려운 일은 아니다.

내 인생 내 뜻대로 살아가는 노하우

1. 설득하기 어려운 사람은 여러 사람이 차례로 설득한다.

2. 동조 심리를 이용한다.

3. 남들과 같이 하고 싶어 하는 심리를 파악한다.

나를 상대해 주지 않는 사람을
협상 테이블로 이끌어내는 기술

세상에는 '설득의 프로'로 불리는 사람들이 있다. 고속도로나 아파트 건설을 위해 토지를 매입하는 전문적인 토지 매입자들이 그들이다.

토지 매입자들이 설득해야 할 상대는 토지 소유자다. 토지에 대한 인간의 집착은 더 말할 것도 없이 강하다. 그런 상대방에게 "땅을 파십시오."라고 부탁해야 한다. 설득이 필요한 상황 중에서도 어려운 과제다.

토지 매입자들이 처음 방문하면 대다수는 현관문조차 열어 주지 않는다. 아예 상대하지 않겠다는 속셈이다.

그렇다면 토지 매입자들은 어떤 방법으로 상대조차 해 주지 않는 토지 소유자들을 설득하는 것일까?

그들이 자주 활용하는 방법은 다음과 같다. 문전박대를 당하더라도 매일같이 찾아간다. 한 번이라도 좋으니 설명할 수 있는 기회를 달라고 사정한다. 그러면 토지 소유자는 그 끈질김에 질려 일단 말할 수 있는 기회를 준다.

그러면 구체적인 보상 내용과 권리 등을 설명한다. 그리고 1주일, 혹은 2주일간 연락도 하지 않고 찾아가지도 않는다. 차분히 생각할 기회를 주기 위해서다.

이렇게 냉각기를 가진 후 토지 매입자는 다시 그 집을 방문한다. 이때쯤이면 상대방의 태도는 180도 달라져 있다. 현관문도 열어주지 않던 사람들이 스스로 조건을 제시하는 등 적극적으로 나온다. 상황이 이렇게 되면 남은 문제는 액수다. 서로 절충안을 찾는 것은 시간문제다.

이와 같은 것을 '슬리핑 효과'라고 한다. '슬리핑 효과'란 상대방을 설득한 후 어느 정도 시간을 두면 상대방이 먼저 설득에 응한다는 이론이다. 그 이유에 대해서는 다음과 같이 생각할 수 있다.

상대하기를 거부하는 이유는 설득하려는 '내용'보다 설득하려는 '사람'을 불신하기 때문이다. 토지 매입만 해도 그렇다. 토지 소유자 입장에서 보면 멀쩡한 내 땅을 하루아침에 빼앗기는 기분이다. 따라서 토지 매입자는 눈앞의 적에 불과하다.

그런데 따지고 보면 땅을 팔아도 그리 손해나는 것은 아니다. 다만 토지매입자에 대한 불신이 협상 자체를 불가능하게 만들었다. 이 점을 잘 알고 있는 토지 매입자는 상대방의 머릿속에서 자신에 대한 나쁜 이미지를 지우기 위해 냉각기간을 갖는다. 즉 '슬리핑'이다. 잠에서 깨어난 토지 소유자는 매입자에 대한 불만을 잊고 협상에 나서게 된다.

증오와 분노, 부정 같은 마이너스 감정은 일단 강력해 보이지만, 인간은 천성적으로 이와 같은 마이너스 감정을 오랫동안 지니지 못한다. 냉각기간을 효과적으로 사용한다면 마이너스 감정은 저절로 사라진다. 이것이 '슬리핑'의 효용 가치다.

협상 테이블 자체를 거절하는 상대방에게 달려드는 것은 어리석은 짓이다. 상대방에게 정보를 충분히 전달한 다음 냉각기를 갖는다. 상대방이 제 발로 테이블에 앉는 날이 찾아올 것이다.

내 인생 내 뜻대로 살아가는 노하우

1. 일단 매일같이 찾아간다.

2. 상대방에게 충분한 정보를 전달한다.

3. 한동안 나쁜 이미지를 지우기 위해 냉각기를 갖는다.

전제 정보로 상대방의
태도를 바꾸는 기술

인간관계나 비즈니스에서 '전제'가 어떻게 달라지느냐에 따라 상대방의 태도는 물론이고 비즈니스 상황이 달라진다.

예를 들어서 중요한 비즈니스 관계자와 약속이 잡혔다. 상사로부터 "자네가 상대할 그 사람은 매우 까다로운 사람이야."라는 말을 듣게 되면 평소에 만사가 적당주의였던 사람도 서류부터 꼼꼼히 챙기고 옷차림에도 주의를 기울인다.

아무리 사소한 비즈니스라도 이와 같은 전제 정보를 입수하는 것이 매우 유리하다. 주류 판매상이 "와인은 이제 끝자락에 접어든 것 같아요."라는 전제 정보를 맥주 소매상에게 알려주면 그 전제 정보를 입수한 소매상은 와인 대신 맥주가 많이 소비될 것이라는 희망을 가지고 판매에 더욱 열을 올리게 된다.

이와 같은 전제 정보의 유용성에 대해서는 심리학계에서는 물론 비즈니스계에서도 많은 실험이 있었다. 실험 결과 사람들은 '잘못된 전제 정보'에도 쉽게 휩쓸린다는 사실이다.

베테랑급 형사들을 상대로 다음과 같은 실험을 했다.

실험자는 형사들에게 여러 장의 그림을 보여 주었다. 그림에는 전부 시계가 그려져 있었고, 시각은 열시였다.

실험자가 "지금 그림속의 시계가 몇 시를 가리키고 있습니까?"하고 물으니까 모든 형사들이 "열 시입니다."라고 대답했다.

실험자가 "그림 속의 시계는 두 시였나요, 아니면 아홉 시였나요?"라고 다른 형사들에게 묻자, 이번에는 놀랍게도 모두 다 "아홉시였습니다."라고 대답하는 것이었다.

'아홉 시'라는 잘못된 전제 정보에 베테랑급 형사들이 모두 간단하게 걸린 것이다.

이처럼 사람들은 전제 정보를 무시하지 못한다. 자신이 확신하고 있는 정보와 상반된 전제일지라도 이를 전적으로 무시하지 못한다.

또 하나의 예를 들어보자. 어떤 회사에서 회의를 시작하기 전에 CEO가 새로운 프로젝트를 제안했다. "내 생각에는 이 프로젝트가 좋은 것 같은데 여러분의 생각이 어떤지 토의를 한 후 결론을 알려주십시오."라고 말한 후 회의 자리를 물러났다. 이 CEO는 자신의 '전제정보'를 미리 제공한 후 물러난 것이다. 남아 있는 임원들이 회의를 한 결과 CEO의 프로젝트와 다른 프로젝트를 주장한 사람은 거의 없었다.

물론 이 경우, CEO의 권위 때문에 다른 프로젝트를 제안하지 못한 것일 수도 있다. 그러나 이 프로젝트에 관심이 전혀 없던 사람들까지 CEO가 제공한 '전제 정보'를 염두에 두고 새로운 프로젝트에 관심을 가지고 회의를 진행했기 때문에 자연스럽게 CEO와 같은 의견에 도달하게 된 것이다.

내 인생 내 뜻대로 살아가는 노하우

1. '전제'에 따라 상대방의 태도는 물론 비즈니스 상황이 달라지는 경우가 많다.

2. '전제 정보'를 잘 활용할 줄 아는 것은 인간관계와 비즈니스에서 유익하다.

3. 상대방의 '전제 정보'에 쉽게 넘어가지 않도록 주의한다.

실수를 통해 상황을
유리하게 만드는 기술

　사람은 누구나 실수를 인정하기 두려워한다. 실수를 인정하는 것만큼 자존심이 상하는 일이 없기 때문이다. 게다가 요즘 젊은이들은 좀처럼 실수를 인정하지 않으려고 한다. 실수가 분명한데도 변명으로 일관하고, 경우에 따라서는 적반하장으로 실수를 지적한 사람에게 더 화를 낸다.

　또한 사회생활을 오래 한 사람일수록 사과에 민감하다. 사과는 자신의 실수를 인정하는 것이기 때문이다. 자신의 실수를 인정하는 것은 상대방이 원하는 페이스를 인정하는 것과 마찬가지이기 때문이다.

　그러나 원만한 사회생활을 위해서는 상대방이 원치 않아도 먼저 사과할 줄 알아야 한다. 고개를 숙임으로써 불리했던 상황이 일거에 반전될 수 있기 때문이다.

내가 실수를 했을 때 상대방이 과하게 반응하는 것은 나의 실수 때문만은 아니다. 실수를 인정하면서도 사과하지 않는 나의 태도에 감정이 상했기 때문이다. 실수를 저지르는 것도 모자라 은근슬쩍 실수를 덮어 버리려고 한다며 화를 내는 것이다.

이 때 상대방이 요구하기 전에 내가 먼저 사과를 해버리면 상대방은 나의 태도에 성의를 느낀다. 그만큼 자신을 인정했다고 생각하는 것이다. 이것이 실수를 통해 상대방의 신뢰를 획득하는 방법이다. 상대방이 나를 신뢰하면 상황은 얼마든지 내 뜻대로 바꿀 수 있다.

미국에서 어느 심리학자가 '사과를 통한 신뢰도의 회복'이라는 주제로 여러 사람을 상대로 다음과 같이 실험을 했다.

실험자는 사람들에게 테스트 내용을 미리 알려 주었다. 이 때 실제로 테스트를 준비한 사람은 어시스턴트였다. 하지만 어시스턴트는 사람들에게 미리 알려준 것과 전혀 상관없는 것을 준비했다. 이로 인해서 사람들은 크게 당황했다. 진짜 실험은 여기서부터 실행된다. 실험자는 다음과 같은 네 가지 상황을 준비했다.

① 어시스턴트는 실험자가 보는 앞에서 사람들에게 자신의 실수를 사과한다.

② 어시스턴트는 실험자가 보지 않는 곳에서 사람들에게 자신의 실수를 사과한다.

③ 어시스턴트는 사과하지 않고, 실험자는 어시스턴트가 실수를 저질렀다고 말한다.

④ 어시스턴트는 사과하지 않고, 실험자도 어시스턴트의 실수를 발견하지 못한다.

이 때 실험에 참가한 사람들은 어시스턴트를 어떻게 평가했는지 실험해 보았다.

가장 높은 평가는 어시스턴트가 먼저 사과했을 경우이다. ①의 상황과 ②의 상황에 대해서는 차이가 크지 않았다. ②의 상황에서 사람들은 실험자에게 어시스턴트의 실수를 알리지 않았다. 어시스턴트가 실수를 사과했다는 것이 중요하기 때문이다.

이처럼 사과만으로도 상황을 최대한 유리하게 이끌어가는 것이 가능하다. 실수는 무조건 덮어야 한다는 잘못된 사고방식 때문에 수습할 수 있는 상황이 더욱 복잡해지고 눈덩이처럼 불어나기도 한다.

실수는 누구나 저지를 수 있다. 하지만 실수를 기회로 이용할 수도 있고, 작은 실수로 인해서 끝없는 나락으로 떨어지기도 한다.

내 인생 내 뜻대로 살아가는 노하우

1. 사람들은 대부분 실수를 하고서도 사과하기를 꺼린다. 하찮은 자존심 때문이다.
2. 상대방이 원치 않아도 먼저 사과할 줄 알아야 한다. 사과를 함으로써 상황을 역전시킬 수 있다.
3. 실수를 기회로 이용할 줄 아는 용기가 필요하다.

중단 효과를 잘 이용하자

회사에서 매일 아침 만날 때마다 인사하던 직원이 있었다. 그 직원과 특별한 관계도 아니고 그렇다고 특별한 감정이 있는 것도 아니다. 그런데 어느 날부터 마주쳤는데도 인사를 하지 않는다. 그리고 그날만이 아니고 그 다음부터 계속 인사를 하지 않는다. 그러면 당신은 '왜 인사를 하지 않을까?'하고 심각하게 고민하기 시작한다. 이런 사례를 심리학에서는 '중단 효과'라고 한다.

인간은 '완전히 끝나 버린 것'보다 '미완으로 남아 있는 것'에 더 큰 미련을 갖는다. 아직 결론이 나지 않았다는 미련 때문에 특별히 관심을 가지지 않았는데도 꾸준히 의식을 하게 된다.

이런 현상에 대해서 러시아의 심리학자 제이갈릭은 이렇게 말했다.

"미완의 행위가 완료된 행위보다 기억에 남는다. 이것은 인간의 공통심리이다."

이런 심리로 인해서 드라마의 경우 끝을 미완의 상태로 마친다. 그리하여 시청자들로 하여금 다음 회에 대해서 미련을 갖도록 하는 것이다.

상대방을 설득할 때 '제이갈릭 효과'를 이용하면 자신이 원하는 결과를 얻을 수 있다. 상대방이 나의 의견에 관심을 보이지 않을 때는 도중에 이야기를 끝낸다. 상대방은 당신의 이야기에 관심이 없지만 아직 다 듣지 못했다는 초조감으로 다시 흥미를 갖게 될 것이다.

또한 상대방이 나와 거래를 원치 않는 것처럼 보일 때도 제이갈릭 효과를 기대할 수 있다. 상대방이 관심을 보일 만한 자료를 충분히 준비했음에도 불구하고 반응이 시원치 않다면 이미 거래는 힘들다. 당신이 공격적으로 나와도 소용이 없다. 이럴 때는 마지막 거래조건을 이야기하기 전에 "오늘은 약속이 있어서 이만……." 하고 자리에서 일어난다.

지금까지 관심을 보이지 않았던 상대의 눈빛이 달라질 것이다. 그 이유는 아직 끝을 보지 못했다는 호기심 때문이다. 이 문제로 다시 만난다면 상대방은 예전과 다른 태도를 취할 것이다. 그동안 나름대로 이 문제에 대하여 결론을 생각해 보면서 처음에는 관심이 없던 거래에 갑자기 흥미를 갖게 될 것이다.

상황에 따라서는 "오늘 여기까지만 이야기하겠습니다."라고 말하는 것도 좋은 방법이다. 상대방은 결말이 궁금해서라도 자기가 먼저 연락할지 모른다. 그러면 그 거래는 성사가 되었다고 해도 무방하다.

무조건 말을 많이 한다고, 또는 결론을 길게 설명한다고 해서 설득할 수 있는 것은 아니다. 물러날 때와 설명할 때를 알고 상대의 심리를 잘 활용하는 것이 설득의 기술이다.

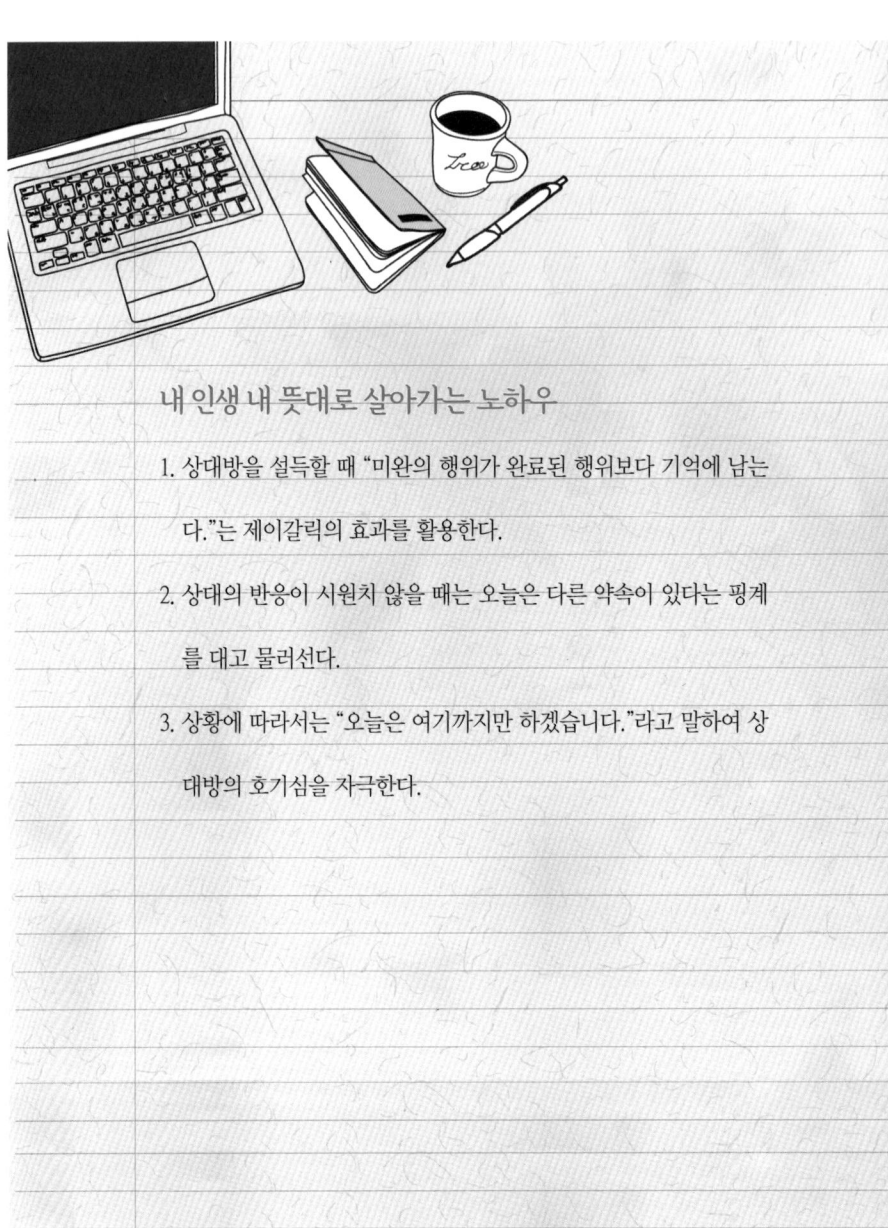

내 인생 내 뜻대로 살아가는 노하우

1. 상대방을 설득할 때 "미완의 행위가 완료된 행위보다 기억에 남는다."는 제이갈릭의 효과를 활용한다.

2. 상대의 반응이 시원치 않을 때는 오늘은 다른 약속이 있다는 핑계를 대고 물러선다.

3. 상황에 따라서는 "오늘은 여기까지만 하겠습니다."라고 말하여 상대방의 호기심을 자극한다.

상대의 일방적인 주장을
중단시키는 기술

당신이 원치 않는데도 세일즈맨에게 붙잡혀 상품 설명을 들을 때, 또는 회사에서 상사나 동료로부터 끝없는 자기자랑을 듣게 될 때 상대의 일방적인 주장을 중단시킬 필요가 있다. 이럴 때 어떤 방법이 효과적일까?

상대가 한참 열을 올리며 이야기를 할 때 "잠깐만요, 전화가 왔습니다.", "아, 그래요? 그런데 전에 그 일은 어떻게 되었지요?" 하면서 상대의 말을 끊어버린다. 그러면 상대는 불청객을 만난 듯이 잠시 당황할 것이다. 그리고 열을 올리며 이야기하던 기세가 한 풀 꺾일 것이다.

당신 앞에서 쉴 새 없이 떠들어대는 그 사람은 주위에서 말리는 사람이 없기 때문에 그토록 열을 올리며 떠들어대는 것이다. 누군가가 그의 말을 중단시키지 않으면 계속 떠들어댈 것이다. 따라서 당신이 어쩔 수 없이 그 역할을 맡게 되는 것이다.

기관총처럼 쏘아대는 상대의 수다를 듣기 싫다면 화제를 바꾸는 기술이 필요하다. 일단 화제가 바뀌면 상대방은 한풀 꺾인다. 기세 좋게 자기 말만 하던 페이스가 한순간에 무너지는 것이다. 세일즈맨이든, 자기 자랑에 열을 올리는 상사이든 페이스가 무너지면 말하고 싶은 의욕도 없어진다.

이 때 주의할 점은 너무 노골적으로 이야기를 중단시켜서는 안 된다는 점이다. 상대방의 페이스를 맞춰주면서 서서히 끌어내리는 것이 현명하다. "그야 그렇죠.", "그렇게 생각할 수 있네요."식으로 말하는 것은 상대방의 기세를 올려주는 것 같지만 실제는 상대방의 페이스를 흐트러뜨리는 효과가 있다. 상대방의 페이스가 조금이라도 흐트러졌다고 생각하면 "지금 막 생각났는데……."라는 식으로 화제를 재빨리 바꾼다.

이런 방식으로 상대방의 이야기를 중단시킬 때는 특별히 주의를 해야 한다. 특히 친밀한 관계일 때는 상대방이 당신을 섭섭하게 생각할 수도 있다. 또한 당신을 불쾌한 인물로 낙인찍을 수도 있다. 따라서 집요하게 따라붙는 세일즈맨이나 모두가 인정하는 수다쟁이를 상대할 때만 이 기술을 활용해야 한다.

내 인생 내 뜻대로 살아가는 노하우

1. 집요한 세일즈맨이나 자기 자랑만을 늘어놓는 상사나 동료의 일방적인 이야기를 중단 시키고자 할 때 갑자기 끼어드는 광고처럼 화제를 바꾼다.

2. 상대가 느낄 수 있도록 노골적으로 이야기를 중단시키지 않는다.

3. 친밀한 사이에는 이런 방법의 활용을 주의해야 한다. 대신 집요한 세일즈맨이나 수다쟁이로 소문난 사람들에게 쓰는 것이 좋다.

부메랑 효과를 잘 활용한다

　세상에는 의심이 이상할 정도로 많거나 무조건 남의 의견에는 동의하지 않고 자신만의 의견을 내세우면서 신경질적으로 반응하는 사람들이 많다. "정말 좋은 안건입니다. 절대로 후회하지 않을 겁니다."라고 말해도 여간해서는 "그렇습니까?"라는 말을 하지 않는다. "더 좋은 아이디어는 없습니까?"라고 차갑게 말한다. 그리고는 고개를 돌려버린다. 이런 사람들을 상대할 때는 다음과 같은 심리 기술이 필요하다.

　예를 들어 보자. 당신은 상대방에게 A안을 보여주었다. 물론 당신이 준비한 나름대로 완벽한 안이다. 하지만 이런 사람들을 상대할 때에는 A안뿐만 아니라 B안도 준비한다. 그리고 상대에게 B안을 보여주면서 "내 생각에는 B안이 더 좋은 것 같습니다."라고 말하면서 강조한다. 그러면 상대는 어김없이 A안을 택할 것이다. 이런 방법을 심리학에서는 '부메랑 효과'라고 부른다.

부메랑은 독자들도 잘 알듯이 사냥감에 던져서 맞추는 무기다. 오스트레일리아 토착민들이 사용하는 무기로써 사용 방법이 매우 독특하다. 이 부메랑은 사냥감의 반대 방향으로 던지는 것이 원칙이다. 자기를 겨냥해 날아올 줄 알았던 부메랑이 반대 방향으로 날아가는 것을 보고 사냥감은 방심하게 된다. 바로 그 때 부메랑은 원을 그리며 방향을 바꿔 사냥감을 공격한다. 방향을 바꾸는 것이 부메랑의 기술인데, 이것은 인간의 심리에도 적용될 수 있는 기술이다.

인간은 다른 사람으로부터 뭔가를 강요받으면 그 강요되는 반대 방향으로 나아가려는 심리가 있다. 부메랑이 노린 곳의 반대 방향으로 날아가는 것처럼 인간의 마음속에도 상대방이 강조하는 것으로부터 멀어지려는 심리가 있다.

또한 인간은 금지당하는 것에 더 큰 관심을 보이는 경향이 있다. 평소에는 관심이 없다가 '금지'라고 하면 더 관심을 갖고 흥미를 느끼는 것이다.

　그런데 신경질적인 사람일수록 이와 같은 반대심리가 더 많이 작용한다. 따라서 이런 사람에게는 부메랑 효과가 최고의 대처법이다.

　이 부메랑 효과를 다음과 같이 활용해도 효과적이다. 만약 A와 B 중에서 B를 택하도록 유도하고 싶으면 "A는 어떻습니까? 아니면 B가 좋을까요?"라고 말하면서 나중에 B안을 제시한다.

　대부분의 사람들은 "결론은 마지막에 위치하고 있다."고 생각한다. 따라서 뒤에 나오는 것이 진짜라고 은연중에 생각한다. 이런 심리를 활용하는 것은 고도의 설득 기술에 속한다.

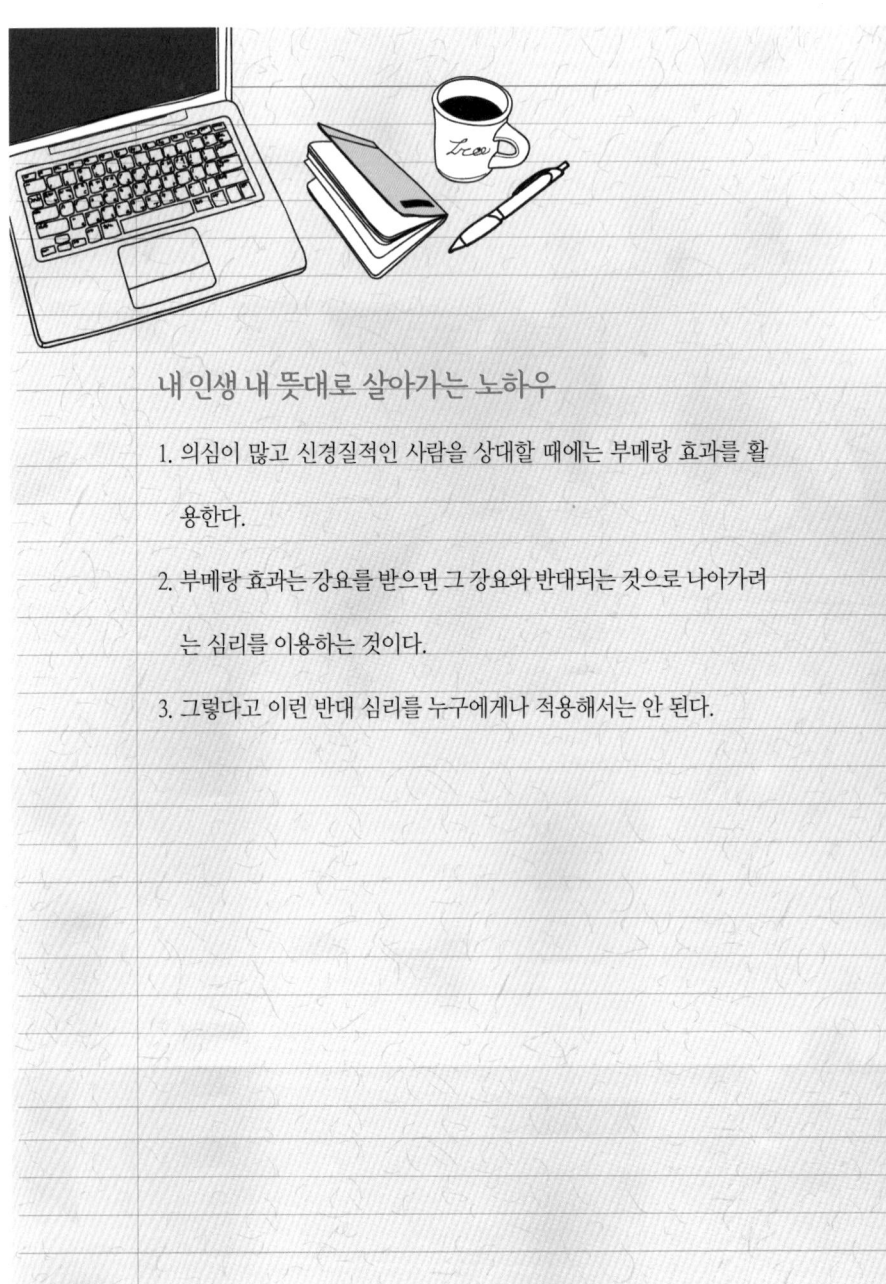

내 인생 내 뜻대로 살아가는 노하우

1. 의심이 많고 신경질적인 사람을 상대할 때에는 부메랑 효과를 활용한다.

2. 부메랑 효과는 강요를 받으면 그 강요와 반대되는 것으로 나아가려는 심리를 이용하는 것이다.

3. 그렇다고 이런 반대 심리를 누구에게나 적용해서는 안 된다.